LES
FORMES-PENSÉES

PAR

ANNIE BESANT

ET

C. W. LEADBEATER

Traduit de l'Anglais par J. L. S.

Avec cinquante-huit illustrations

PARIS

PUBLICATIONS THÉOSOPHIQUES
10, RUE SAINT-LAZARE, 10

1905

LES FORMES-PENSÉES

LES
FORMES-PENSÉES

PAR

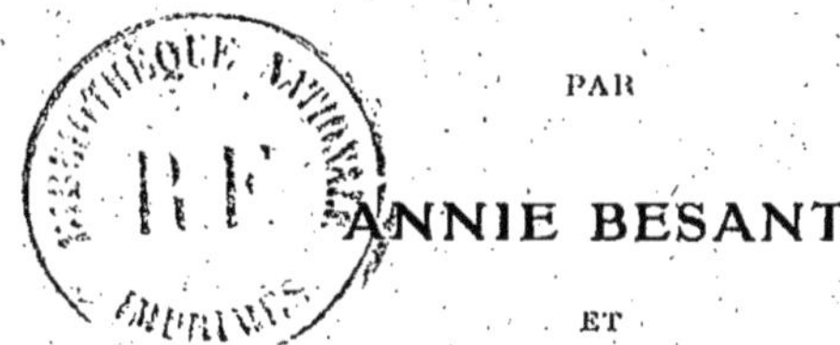

ANNIE BESANT

ET

C.-W. LEADBEATER

Traduit de l'Anglais par J. L. S.

Avec cinquante-huit illustrations

PARIS

PUBLICATIONS THÉOSOPHIQUES

10, RUE SAINT-LAZARE, 10

1905

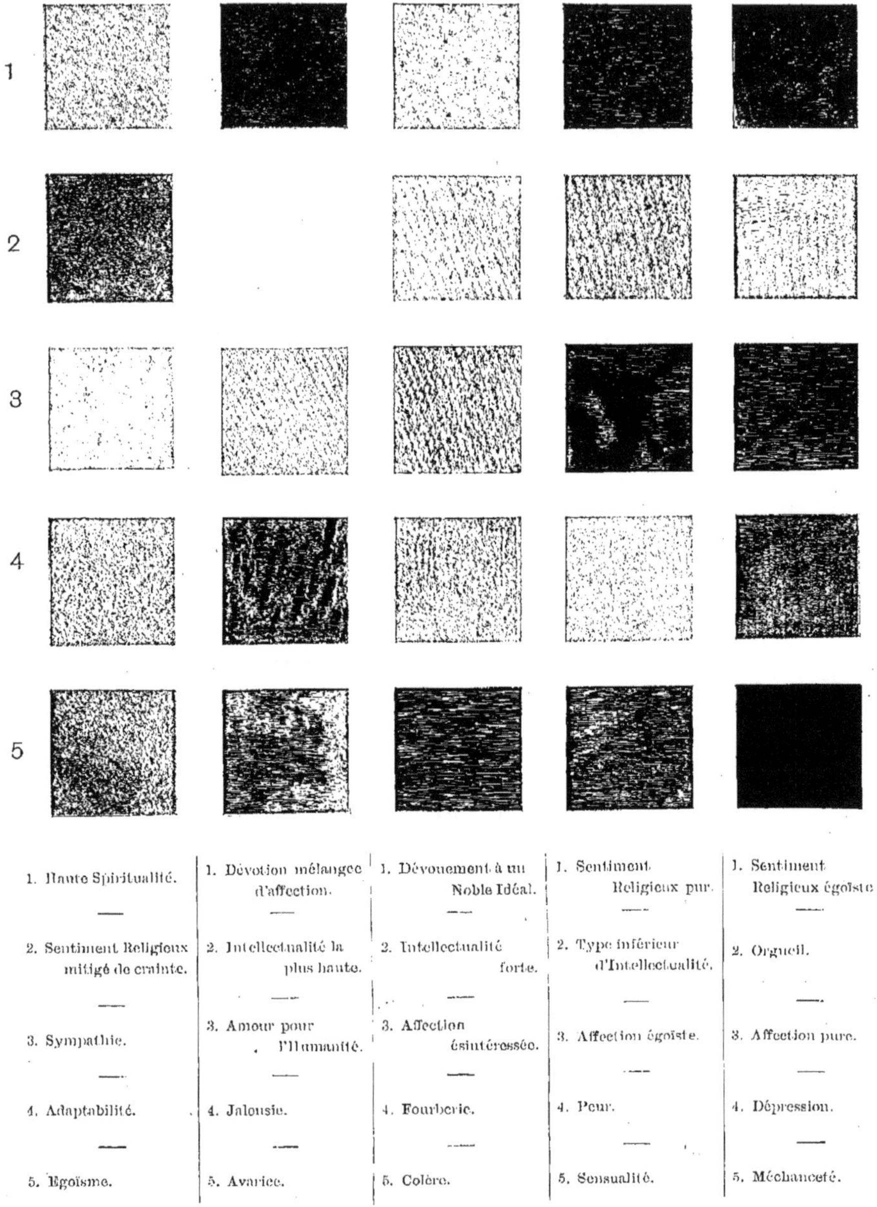

1. Haute Spiritualité.	1. Dévotion mélangée d'affection.	1. Dévouement à un Noble Idéal.	1. Sentiment Religieux pur.	1. Sentiment Religieux égoïste
2. Sentiment Religieux mitigé de crainte.	2. Intellectualité la plus haute.	2. Intellectualité forte.	2. Type inférieur d'Intellectualité.	2. Orgueil.
3. Sympathie.	3. Amour pour l'Humanité.	3. Affection désintéressée.	3. Affection égoïste.	3. Affection pure.
4. Adaptabilité.	4. Jalousie.	4. Fourberie.	4. Peur.	4. Dépression.
5. Egoïsme.	5. Avarice.	5. Colère.	5. Sensualité.	5. Méchanceté.

NOTE POUR LA SIGNIFICATION DES COULEURS.

INTRODUCTION

Le texte de ce petit ouvrage est dû à ma collabo-
ration avec M. C.-W. Leadbeater ; une partie avait
déjà paru dans un article du *Lucifer* (maintenant
Theosophical-Review), mais le reste est complètement
inédit.

Les dessins et la peinture des formes-pensées observées soit par M. Leadbeater, soit par moi-même, soit
encore en commun, ont été exécutés par trois de nos
amis : M. John Varley, M. Prime, Miss Mac-Farlane,
auxquels nous exprimons nos remerciements cor-
diaux. Rendre au moyen des sombres couleurs terrestres les formes revêtues de la lumière vivante des
mondes de l'au-delà est certes une tâche difficile et
ingrate, c'est une raison de plus d'être reconnaissants
à ceux qui ont tenté de la réaliser. Il aurait fallu pouvoir se servir de feu multicolore et non de la gamme
limitée de nos teintes terrestres.

Nous avons aussi à remercier M. F. Brigh Bond de
nous avoir permis de citer son essai sur « Les figures

dues à la vibration » et de nous avoir prêté ses délicats
dessins. Un autre ami qui nous a envoyé des notes
et quelques croquis veut rester anonyme, et en res-
pectant son désir, nous lui exprimons notre gratitude.

Nous espérons — et nous croyons aussi — que ce
petit livre sera une leçon frappante pour tous ceux qui
le liront, en leur permettant de comprendre la puissance
de la pensée et sa nature même et en agissant comme
un stimulant de tout ce qui est noble.

C'est dans cet espoir et avec cette confiance que
nous l'envoyons dans le monde.

Annie Besant.

LES FORMES-PENSÉES

AVANT-PROPOS

A mesure que la connaissance s'accroît, l'attitude
de la science à l'égard du monde invisible subit des
modifications considérables. La terre avec tout ce
qu'elle porte, les mondes physiques qui l'entourent
ne sont plus seuls à attirer l'attention des savants ;
ils se voient obligés de chercher plus loin encore, et
d'en venir aux hypothèses sur la nature de la matière
et de la force qui se trouvent dans les régions où les
instruments dont ils disposent ne pénètrent pas.
L'éther fait maintenant partie intégrante du domaine
scientifique, et n'est plus une simple hypothèse. Le
mesmérisme, sous son nouveau nom *d'hypnotisme*,
n'est plus banni de la science officielle. On se défie
des expériences de Reichenbach, mais on ne les con-
damne pas complètement. Les rayons Roëntgen ont
transformé quelques-unes des anciennes idées au sujet
de la matière, pendant que le radium les révolutionnait

4

et entraînait la science vraie au delà des frontières de l'éther sur les confins du monde astral.

Les cloisons entre la matière animée et la matière inanimée sont brisées. On a trouvé que les aimants étaient en possession de pouvoirs presque dangereux, capables de communiquer certaines formes de maladies, d'une manière qui n'est pas encore expliquée d'une façon satisfaisante. La télépathie, la clairvoyance, la transmission du mouvement sans contact, ne font pas encore partie de la science courante, mais ne tarderont pas à y prendre leur place.

La science a poussé ses recherches si loin, a fait preuve d'une ingéniosité si rare dans sa pénétration de la nature, a montré une patience si inlassable dans toutes ses recherches, qu'elle obtient enfin la récompense donnée à tous ceux qui cherchent. Les forces et les êtres du plan de la nature le plus voisin du nôtre commencent à se montrer sur l'extrême limite de notre horizon physique : « La nature ne fait pas de bonds », et à mesure que le savant s'approche des confins de son royaume, il est profondément troublé par les lueurs qui lui arrivent d'un plan nouveau, lié intimement au sien.

Il se trouve obligé de spéculer sur les présences invisibles, pour trouver une explication rationnelle des phénomènes physiques qu'il ne peut nier ; peu à peu il est entraîné bien au delà, et sans le comprendre encore, il est déjà en contact avec le plan astral.

L'étude de la pensée est une des parties les plus

intéressantes du domaine qui s'étend entre le monde physique et le monde astral. Nos savants, se donnant d'abord à l'étude de l'anatomie et de la physiologie du cerveau, essayent d'en faire la base d'une saine psychologie. Ils passent ensuite dans la région des rêves, des illusions, des hallucinations ; dès qu'ils essayent de créer une science expérimentale en vue d'établir des classifications et des lois, ils pénètrent immédiatement sur le plan astral. Le docteur Baraduc, de Paris, a été sur le point de franchir cette limite en photographiant des images astro-mentales, en obtenant des reproductions de ce qui, au point de vue matérialiste, serait le résultat des vibrations de la substance grise du cerveau.

Tous ceux qui ont étudié sérieusement la question savent que les impressions photographiques dont nous parlons sont produites par les rayons ultra-violets .provenant d'objets que les rayons du spectre solaire ne permettent pas de distinguer. On a pu vérifier les affirmations de certains clairvoyants par l'apparition, sur des plaques photographiques sensibles, de figures et d'objets, invisibles aux yeux physiques, mais qu'ils voyaient et décrivaient pourtant.

Il est impossible pour un homme de bonne foi de rejeter dans leur ensemble des affirmations présentées par des hommes sérieux, qui ont été à même de les vérifier à maintes reprises. Et nous avons même des chercheurs qui se sont attachés à obtenir des images de formes subtiles, inventant des méthodes spéciales pour en faire des reproductions exactes. Le docteur Baraduc semble avoir été l'un des plus heureux dans ses expériences, et il a publié un livre où il relate ses recherches et qui contient des reproductions des photographies qu'il a obtenues. Il cherche, nous dit-il, les forces subtiles au moyen desquelles l'âme — qui est selon lui l'intelligence travaillant entre le corps et l'esprit — essaye de s'exprimer. Il s'est efforcé de noter ces mouvements au moyen d'un instrument qui fait mouvoir une aiguille sur un cadran et de recueillir sur des plaques sensibles ces vibrations lumineuses, mais invisibles. Il arrive dans ses expériences à éviter les erreurs qui pourraient provenir de la chaleur ou de l'électricité. Nous pouvons négliger ses études sur la biométrie (mesure de la vie par le mouvement) et nous arrêter un instant sur ses recherches en iconographie. Il s'agit des reproductions de courants invisibles qui, selon lui, partagent la nature de la lumière dont l'âme se sert pour produire les formes qui ont pu être saisies par la photographie. Certaines de ces photographies représentent, sous leurs formes éthériques ou magnétiques, les résultats de phénomènes physiques ; nous ne nous y arrêterons pas, bien qu'elles soient intéressantes en elles-mêmes, parce qu'elles n'ont pas un rapport direct avec le sujet spécial dont nous nous occupons.

En pensant fortement à un objet, le docteur Baraduc donna naissance à une forme-pensée, qu'il fixa sur une plaque sensible ; c'est ainsi qu'il essaya de reproduire l'image mentale d'une dame qu'il avait connue autrefois et qui était morte à l'époque de l'expérience ; il obtint un cliché rappelant un dessin de lui sur lequel il avait fixé les traits de cette même personne sur son lit de mort. Il dit, du reste avec raison, que la création d'un objet provient de la fixation d'une image à sa sortie de l'esprit, au moment où elle se matérialise, et il cherche à se rendre compte de l'effet chimique causé sur les sels d'argent par cette image née de la pensée. Un type frappant est celui que présente cette force dirigée vers l'extérieur (une prière sérieuse, par exemple). Une autre prière ressemblera comme forme aux feuilles d'une fougère ; une autre pourra se comparer à la courbe d'une fontaine jaillissante. Trois personnes songeant à l'affection qui les unit projetteront une pensée comparable à une masse ondulée de forme longue. Un jeune garçon se désolant sur le corps d'un oiseau mort est entouré d'un flux émotionnel de fils recourbés qui s'interpénètrent. Un sentiment de profonde tristesse se reconnaît à un fort tourbillon. En regardant avec attention la série de ces reproductions si particulièrement intéressantes, on se rend clairement compte que ce que l'on obtient n'est pas l'image de la forme-pensée, mais bien l'effet causé dans la matière éthérique par les vibrations qui l'accompagnent ; il est, par conséquent, nécessaire de connaître complètement la pensée qu'on examine pour comprendre les résultats obtenus.

Il peut être utile de présenter aux étudiants, un peu

plus clairement que cela n'a été fait jusqu'à présent,
certains faits qui rendent plus intelligibles les résultats obtenus par le docteur Baraduc. Ces derniers sont
naturellement imparfaits ; car un appareil photogra-
phique et des plaques sensibles ne sont pas des instruments faits pour l'examen du monde astral ; néanmoins, comme on pourra le voir, ces résultats sont du
plus haut intérêt en ce qu'ils servent de lien entre
les investigations purement scientifiques et celles qui
sont dues à des clairvoyants.

A l'époque même où nous écrivons, des observa-
teurs étrangers à la Société Théosophique essaient
d'expliquer comment des émotions successives font
changer de couleurs l'ovoïde nuageux ou *aura*
qui nous environne tous. Des articles sur ce sujet
paraissent dans des revues qui n'ont aucun rapport
avec notre Société, et un médecin spécialiste (1) a
établi, grâce à un grand nombre d'observations,
la couleur de l'aura de différents types et de tem-
péraments divers. Les résultats de ses recherches
se rapprochent de très près de ceux obtenus par des
théosophes clairvoyants, et une concordance aussi
complète entre les deux méthodes est une démonstra-
tion suffisante de faits dont l'évidence ne peut être
mise en doute.

Le livre l'*Homme visible et invisible* (2) s'occupe de

(1) Le docteur Hooker, Gloucester-Place, Londres W.
(2) Par C.-W. Leadbeater.

l'aura à son point de vue général. La présente étude, de l'auteur de l'*Homme visible et invisible* et d'un de ses collègues, a pour but de pousser un peu plus loin ; on a pensé qu'il était utile de faire pénétrer dans l'esprit de l'étudiant cette idée que la pensée et le désir vivent et agissent et que leur influence s'étend à tout ce qu'ils viennent toucher.

———

De la difficulté de représenter les Formes-Pensées

Vous avez souvent entendu dire que les pensées sont
des choses réelles et beaucoup parmi nous sont persuadés de la vérité de cette assertion. Pourtant bien
peu se font une idée claire de ce que peut être une
pensée et ce petit livre a précisément pour but de les
aider à éclaircir ce problème.

Nous avons devant nous une sérieuse difficulté pro-
venant de notre conception de l'espace. Nous ne le
voyons, en effet, que sous trois dimensions, pour le
limiter pratiquement à deux quand nous essayons de
dessiner. En fait, la représentation même des objets à
trois dimensions est forcément inexacte, car c'est à
peine si, dans notre dessin, une ligne ou un angle est
reproduit avec justesse. Si notre croquis représente
une route en perspective, le premier plan doit être
beaucoup plus large que le lointain, bien qu'en réalité
la dimension soit partout la même.

Si le modèle que nous avons sous les yeux est une
maison, les angles droits qui la limitent deviennent
des angles aigus ou obtus suivant la place de l'obser-
vateur, et le dessin reproduit cette différence encore

plus fortement. En réalité nous dessinons les choses non pas comme elles sont, mais bien suivant l'aspect qu'elles ont pour nous : l'artiste s'efforce, en effet, de donner l'illusion des trois dimensions en disposant habilement des lignes sur une surface plane, qui n'en comporte que deux.

Ceci n'est possible que parce que ceux qui regardent les peintures sont déjà familiarisés avec des objets semblables et sont prêts à accepter l'idée qu'elles leur suggèrent. Une personne qui n'aurait jamais vu un arbre ne pourrait s'en faire aucune idée, même si elle en avait devant les yeux une image parfaite. Si à cette difficulté nous ajoutons celle plus sérieuse encore d'une limitation de conscience, et si nous supposons que nous montrons cette peinture à une personne qui ne connaît que deux dimensions de l'espace, nous nous rendons compte qu'il est absolument impossible de lui faire comprendre le paysage que nous avons devant les yeux. Tel est précisément l'obstacle que nous rencontrons sur notre route, et cela dans sa forme la plus aiguë, lorsque nous essayons de représenter une très simple forme-pensée. La grande majorité de ceux qui regardent l'image n'ont que la conscience des trois dimensions; et bien plus encore, n'ont pas la plus petite idée du monde intérieur auquel les formes-pensées apparaissent avec toute la lumière splendide et la variété de leurs couleurs.

Tout ce que nous pouvons faire est de représenter une section de formes-pensées, et encore tous ceux à

qui leurs facultés permettront de voir la forme-pensée
elle-même seront très désappointés quand ils en auront
sous les yeux une reproduction incomplète ; pourtant
ceux qui, à l'heure présente, sont dans l'impossibilité
de rien voir, auront de la sorte une idée approximative
de ce que sont les formes-pensées et en retireront un
réel profit.

Tous les étudiants savent que ce que l'on appelle
l'*aura* de l'homme est la partie extérieure de la substance nuageuse de ses corps supérieurs, de cette substance qui les pénètre tous et qui dépasse de beaucoup
les confins de son corps physique, le plus petit de
tous. Ils savent aussi que deux de nos corps, le corps
mental et le corps des désirs, sont ceux qui ont plus
particulièrement à faire avec ce qu'on appelle les
formes-pensées. Mais, pour que le sujet soit facile à
comprendre, même pour ceux qui n'ont pas la pratique
des enseignements théosophiques, il est nécessaire de
récapituler ici les éléments de la question.

L'homme véritable, le Penseur, est enveloppé dans
un corps composé d'innombrables combinaisons de la
matière subtile du plan mental ; ce corps est plus ou
moins affiné, plus ou moins organisé pour les fonctions
qu'il a à remplir suivant le degré de développement intellectuel auquel l'homme est arrivé. Le corps mental
est un organe d'une merveilleuse beauté ; la finesse et
l'élasticité des parties qui le composent lui donnent
l'apparence d'une lumière littéralement vivante, et plus
l'intelligence se développe, dans un but pur et dé-

sintéressé, plus il gagne en splendeur et en beauté.

Toute pensée donne naissance à une série de vibrations qui agissent avec suite sur la matière du corps mental ; une splendide gamme de couleurs l'accompagne, à comparer aux jeux de lumière que fait le soleil dans la buée d'un jet d'eau, mais d'un développement mille fois plus complet et plus intense. Le corps, sous cette impulsion, projette à l'extérieur une portion vibrante de lui-même, qui prend une forme qui détermine la nature même de ces vibrations. C'est ainsi que sur un disque recouvert de sable se forment certaines figures, sous l'influence de telle ou telle note musicale ; dans cette opération il se produit une sorte d'attraction de la matière élémentale du monde mental, matière d'une nature particulièrement subtile.

Nous avons de la sorte une forme-pensée pure et simple et c'est bien une entité vivante, d'une activité intense, forgée par l'idée qui lui a donné naissance. Si elle est faite de la matière la plus subtile, elle sera puissante autant qu'énergique et pourra, sous la direction d'une volonté calme et forte, jouer un rôle de haute importance. Nous donnerons ultérieurement des détails sur cette action particulière.

Quand l'énergie de l'homme est dirigée à l'extérieur vers les objets de son désir, ou se dépense à des actes d'émotion ou de passion, cette énergie a pour champ d'action une qualité de matière beaucoup moins subtile que celle du mental : la matière du monde astral.

Ce que l'on appelle le corps des désirs est composé de

cette matière plus dense et c'est elle qui, dans l'homme peu développé encore, forme la plus grande part de l'aura. Quand l'homme est d'un type grossier, le corps des désirs est formé de la matière la plus dense du plan astral, sa couleur est sombre, les bruns, les verts sales, les rouges y jouent le plus grand rôle. Selon que telle ou telle passion se manifeste, la volonté y fait briller successivement des couleurs caractéristiques. Au contraire un homme d'un type élevé a un corps des désirs composé des qualités les plus fines de la matière astrale ; les couleurs sont brillantes et pures aussi bien à la surface qu'à l'intérieur. Ce corps est moins subtil, moins lumineux que le corps mental, mais néanmoins c'est un ensemble splendide et, à mesure que l'égoïsme s'élimine, toutes les teintes ternes et sombres disparaissent avec lui.

Ce corps astral — ou corps des désirs — donne naissance à une seconde classe d'entités, semblables dans leur constitution générale aux formes-pensées que nous venons de décrire, mais dont l'existence est limitée au plan astral et que l'esprit ne produit que sous l'influence de la nature inférieure.

Ces formes sont dues à l'activité du Manas inférieur se projetant à l'extérieur à travers le corps astral, comme le dit notre terminologie théosophique. C'est l'intelligence dominée par le désir. Dans ce cas, des vibrations s'établissent dans le corps des désirs ou corps astral et, sous leur influence, ce corps projette en dehors une portion vibratoire de lui-même dont la forme est déterminée, comme dans le cas précédent, par la nature même de ces vibrations ; il se produit alors une attraction de l'essence élémentale correspondante du monde astral.

Une forme-pensée de cette espèce a donc pour enveloppe cette essence élémentale et pour centre le désir ou la passion qui l'a fait naître ; la force de la forme-pensée dépendra de la quantité d'énergie mentale se combinant avec cet élément de passion ou de désir. Ces formes, de même que celles appartenant au plan mental, sont appelées *élémentals artificiels* et ce sont de beaucoup les plus communes, car chez l'homme ordinaire il existe bien peu de pensées qui ne soient teintées de désir, de passion ou d'émotion.

Les deux effets de la Pensée

Chaque pensée bien définie produit un effet double :
une vibration rayonnante et une forme susceptible de
flotter dans l'air. La pensée, à proprement parler, apparaît d'abord au clairvoyant comme une vibration dans
le corps mental, et ceci peut se manifester sous une
forme compliquée ou sous une forme simple. Si la
pensée est d'une simplicité absolue, il n'y a en jeu
qu'une seule espèce de vibration, et il n'y aura
qu'une seule sorte de matière mentale qui sera fortement
modifiée. Le corps mental en effet est composé de matière à différents degrés de densité, que nous divisons
d'ordinaire en « classes » correspondantes aux divers
sous-plans. Chacun de ces derniers se divise en plusieurs subdivisions, et si nous les étudions en les
classant, suivant leur densité, dans différentes divi-
sions horizontales situées l'une au-dessous de l'autre,
nous pourrons, pour mieux en distinguer les différentes
qualités, les classer cette fois en les figurant par des
lignes perpendiculaires aux précédentes et les coupant
à angle droit. Il y a donc des variétés nombreuses de
cette matière mentale et on a trouvé que chacune d'elles
avait son mode de vibration spécial et bien défini,
auquel elle paraissait le plus habituée, en sorte qu'elle

y répondait automatiquement et tendait naturellement à y revenir, quand elle en avait été éloignée par une pensée ou une sensation particulièrement forte.

Prenons un exemple : quand un homme est sous l'impression d'une émotion brusque, son corps astral est violemment agité et ses couleurs ordinaires sont pour un moment presque entièrement obscurcies par un afflux de carmin, de bleu, d'écarlate correspondant au degré vibratoire de cette émotion particulière. Ce changement n'est que momentané, il ne dure que quelques secondes, et le corps astral reprend rapidement sa physionomie ordinaire. Pourtant chacune de ces émotions brusques produit un effet permanent : elle ajoute toujours quelque chose de sa propre couleur à la nuance normale du corps astral, de sorte que chaque fois que l'homme cède à une certaine émotion, il devient plus facile pour lui d'y céder à nouveau, car son corps astral prend alors l'habitude de vibrer d'une manière spéciale.

Pourtant, la plus grande partie des pensées humaines sont loin d'être simples. L'affection absolument pure existe certainement, mais nous la trouvons bien souvent teintée d'orgueil ou d'égoïsme, de jalousie ou de passion presque animale. Ceci veut dire que deux vibrations bien nettement séparées — et quelquefois plus — apparaissent à la fois dans le corps mental et dans le corps astral. La vibration rayonnante sera donc complexe et la forme-pensée qui en résultera sera de plusieurs couleurs au lieu d'être d'une seule.

Manière dont se produit la vibration

Les vibrations rayonnantes dont nous venons de
parler, comme toutes les vibrations de la nature, deviennent moins puissantes à mesure qu'elles s'éloi-
gnent du centre qui les produit; pourtant il est probable que cette puissance varie en raison du cube
plutôt que du carré de la distance, à cause de l'intervention d'une nouvelle dimension. Comme les autres
vibrations, celles-ci tendent à se reproduire chaque fois
que l'occasion leur en est donnée et quand elles viennent agir sur un autre corps mental, elles ont une tendance immédiate à le mettre à leur propre unisson.
Cela veut dire que chez l'homme, dont le corps mental
est touché par ces ondes, ces vibrations tendent à
produire dans son esprit des pensées du même type
que celles déjà formées antérieurement dans le mental
du penseur qui avait émis l'onde primitive. La distance à laquelle ces vagues de pensées agissent, la
force et la puissance avec lesquelles elles pénètrent dans
le corps des autres personnes, dépendent de la force
et de la netteté de la pensée originale. Le penseur,
dans ce cas, peut être assimilé à quelqu'un qui parle. La

voix de ce dernier met en effet en mouvement des ondes
sonores qui rayonnent de lui dans toutes les directions
et vont porter sa parole à tous ceux qui sont à distance ;
si cette voix est forte et si l'élocution est nette, la
distance parcourue sera grande. Il en est de même
pour une pensée forte qui va beaucoup plus loin qu'une
pensée faible et dépourvue de décision ; mais dans
ces matières, la force est moins importante que la
clarté et la précision. Enfin, de même que la voix de
l'orateur tombe souvent dans des oreilles inattentives,
quand les hommes ont d'autres plaisirs ou d'autres
soucis, de même une onde de pensées pourra passer
à côté d'un être sans qu'il la perçoive, si par aventure
sa pensée est déjà occupée ailleurs.

Cette vibration rayonnante transporte avec elle le
caractère de la pensée qui l'anime et non pas le sujet
de cette pensée. Un hindou dans sa méditation songe
à Krishna : la vague de pensée qui émanera de lui
éveillera des pensées de dévotion chez tous ceux qu'elle
viendra atteindre ; chez le mahométan, ce sera l'adoration d'Allah ; chez le sectateur de Zorastre, celle d'Ahu-
ramazda ; chez le chrétien, celle de Jésus. Un homme
qui pense fortement à des sujets élevés fera sortir de
lui-même des vibrations, qui chez autrui élèveront
la pensée au même niveau qu'en lui-même, mais sans
toutefois faire naître chez les autres le sujet spécial
qui le préoccupe. Ces vibrations agissent naturellement avec une force particulière sur les esprits habitués déjà à ces questions d'un caractère spécial ; cepen-

dant elles ont aussi de l'action sur le corps mental qu'elles viennent frapper, en sorte qu'elles ont pour tendance de réveiller la puissance de la pensée supérieure chez ceux qui n'en ont pas encore l'habitude. Il est donc bien évident que tout homme qui pense à des choses élevées fait un travail de propagande, et ceci à son insu.

La Forme-Pensée et ses effets

Occupons-nous maintenant du second effet de la pensée : la création d'une forme définie. Tous ceux qui ont étudié les questions qui nous occupent connaissent l'essence élémentale, cette étrange manifestation à demi intelligente qui nous environne, vivifiant à la fois la matière du plan astral et celle du plan mental.

Cette matière répond ainsi, très facilement, à l'influence de la pensée humaine, et toute impulsion, qu'elle naisse du corps mental ou du corps astral, se crée immédiatement une sorte de véhicule temporaire en s'entourant de cette matière vitalisée.

C'est ainsi qu'une pensée ou qu'une impulsion devient pour un temps une sorte d'entité vivante, dont la forme-pensée sera l'âme et la matière vivifiée, le corps. Les écrivains théosophiques remplacent donc l'ancienne définition, matière astrale ou mentale animée par l'essence monadique à l'un des stades du règne élémental, par le simple mot « d'essence élémentale », et souvent même ils donnent à la forme-pensée le nom « d'élémental ». Il pourrait y avoir une variété très grande dans la

couleur et l'aspect de ces formes-pensées, car chaque
pensée attire autour d'elle la matière appropriée à son
expression et met cette matière à l'unisson de sa propre force. Ainsi le caractère de la pensée en décide la
couleur, et l'étude des variations et des combinaisons
qu'elle peut amener est du plus haut intérêt.

Cette forme-pensée peut être comparée à une véritable bouteille de Leyde : l'enveloppe d'essence vivante
étant symbolisée par la bouteille, et l'énergie de pensée par l'électricité qui la charge. Si la pensée d'un
homme ou ses sentiments sont projetés dans la direction d'une personne donnée, la forme-pensée résul-
tant de cette opération ira directement à son but et
viendra affecter les véhicules astral et mental de celui
qui les recevra. Si la pensée est égoïste, si l'être qui
la génère ne songe qu'à lui-même (il en est ainsi
la plupart du temps), elle errera constamment autour
de celui qui lui aura donné naissance, toujours prête à
réagir sur lui-même toutes les fois qu'il se trouvera
dans une condition passive. Prenons un exemple : voici
un homme qui cède souvent à des pensées impures, il
pourra les oublier tant qu'il sera engagé dans le courant journalier de ses affaires, et pourtant les formes-
pensées planent au-dessus de lui, semblables à un
épais nuage, car toute son activité mentale est dirigée
d'un autre côté et son corps astral n'est sensible qu'à
des vibrations de même nature. Mais quand les activités extérieures s'atténuent, que l'homme se repose
après son travail et que son mental est passif, il sen-

tira la marche insidieuse des vibrations impures se
dirigeant vers lui. Si la conscience de cet être est réveil-
lée jusqu'à un certain point, il ne pourra ignorer ce
que nous venons d'expliquer et il s'écriera que « cette
tentation est l'œuvre du démon » ; pourtant, la vérité
est que cet assaut du mal ne vient de l'extérieur qu'en
apparence et n'est que la réaction sur lui-même de
ses propres formes-pensées.

Chaque homme se meut dans l'espace, enfermé comme
dans une cage que lui-même a construite, entouré par
la masse des formes-pensées créées par ses activités
mentales habituelles ; c'est à travers ce milieu qu'il voit
le monde et naturellement il teinte toute chose de sa couleur prédominante, et toute la gamme des vibrations qui
l'atteignent est plus ou moins modifiée par sa propre
teinte personnelle. C'est ainsi que l'homme ne voit rien
avec exactitude jusqu'à ce qu'il ait appris le contrôle
complet des sentiments et de la pensée ; jusque-là toutes
ses observations doivent se faire à travers son milieu
propre, qui déforme et décolore tout, semblable à un
mauvais miroir. Si la pensée ne se dirige pas délibérément sur quelqu'un, si elle ne se fixe pas sur l'être à qui
elle est envoyée, elle flotte tout simplement dans l'at-
mosphère rayonnant sans cesse de vibrations analo-
gues à celles qui ont été mises en mouvement par son
créateur. Si la pensée n'entre pas en contact avec d'autres corps mentals, cette vibration diminue graduellement d'énergie, et finit par amener la destruction de la
forme-pensée ; au contraire, si elle réussit à éveiller

dans un corps mental voisin une vibration sympathique, une attraction a lieu entre ces vibrations, et la forme-pensée est, en général, absorbée par ce nouveau corps mental.

Ainsi nous voyons que l'influence de la forme-pensée ne s'étend pas aussi loin que celle qui dépend de la vibration originelle, mais dans la limite de son action elle procède avec une précision plus grande.

Son influence sur le corps mental ne donne pas seulement naissance à une pensée semblable à elle-même ; c'est la même pensée qui se reproduit.

Des milliers d'êtres pourront être touchés par le rayonnement dont nous venons de parler et qui produira en eux des pensées de même ordre, pourtant il pourra arriver qu'aucune d'elles ne soit exactement pareille à l'original. La forme-pensée peut n'être absorbée que par quelques personnes, mais, dans ce cas assez rare, elle reproduira l'idée initiale.

La création par vibrations d'une certaine forme, géométrique ou autre, est déjà familière à ceux qui ont étudié l'acoustique, et on reproduit fréquemment dans les laboratoires de physique les figures dites de Chladni.

Nous en donnerons une brève description pour ceux d'entre nos lecteurs qui ne sont pas au courant de ces questions

Une plaque de résonnance de Chladni (fig. 1) est faite en cuivre ou en verre ; des grains de sable fin sont répandus sur cette surface et le rebord de la plaque est légèrement relevé. Le sable est projeté en l'air par la vibration de la plaque, et en retombant il prend des formes régulières comme dans la figure 2. En touchant le rebord de la plaque sur diffé-

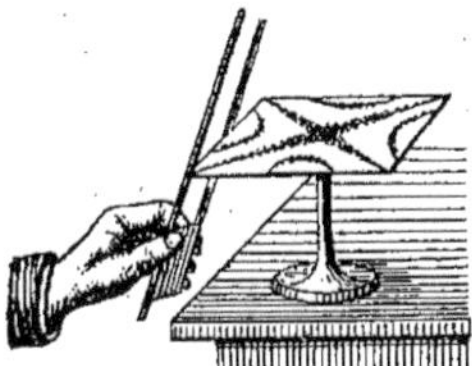

FIG. 1

rents points on obtient des notes différentes et par suite des formes différentes. Si les figures que nous donnons ici sont comparées à celles qui ont été obtenues par la vibration de la voix humaine on pourra ob-server des ressemblances curieuses. A ce sujet, « Les formes dues à la voix », qui ont été admirablement étudiées et reproduites par Mme Watts Hughes (1), sont de véritables témoins du fait que nous avançons. Il est intéressant de les étudier et l'ouvrage que nous citons devrait être dans les mains de tous ceux qui s'intéressent à ces questions.

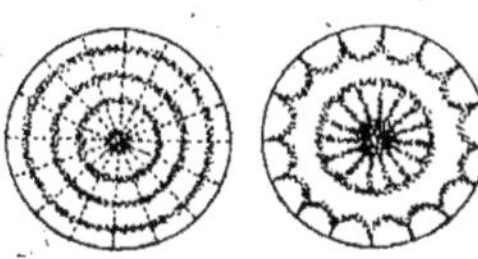 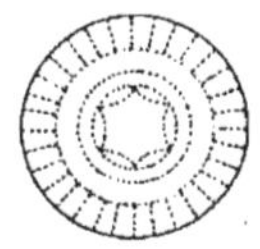 

FIG. 2

Peu de personnes cependant se sont rendu compte que les formes décrites dans cet ouvrage sont dues à l'action et à la réaction des vibrations qui les créent. Beaucoup ignorent également qu'il existe une machine

(1) The Eidophone. Voice figures, par Margaret Watts Hughes.

au moyen de laquelle on peut imprimer à un pendule deux mouvements simultanés et, même davantage, et que ces mouvements peuvent être exactement enregistrés au moyen d'un appareil graphique adapté au système. Remplaçons le mouvement du pendule par les vibrations dues au corps astral ou au corps mental et nous aurons devant nous le mode opératoire de la construction des formes par les vibrations astrales ou mentales (1).

Les descriptions qui vont suivre sont empruntées à une étude du plus haut intérêt : « Les formes dues aux vibrations », par F. Brigh Bond, qui, au moyen de pendules, a enregistré un grand nombre de très beaux dessins.

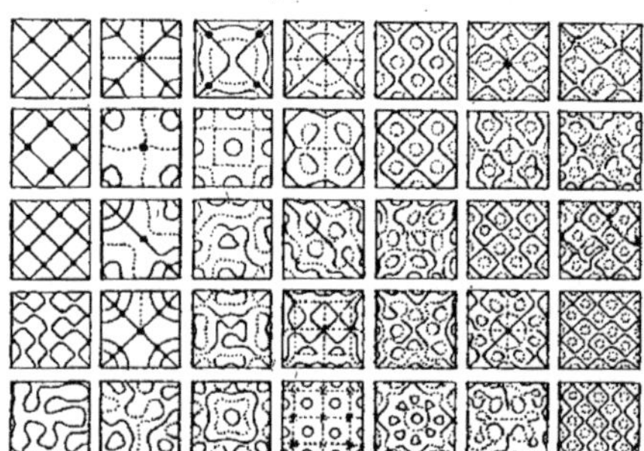

Fig. 3

Le pendule est suspendu sur une lame d'acier trempé et ne peut exécuter que des mouvements à angles

(1) Mr. Joseph Gould, Stratfort House Nottingham, fournit le pendule à mouvements combinés qui produit ces merveilleuses figures.

droits avec la lame. Quatre pendules sont placés deux
à deux se mouvant à angles droits les uns par rapport aux autres et reliés par des fils rejoignant les
tiges de chaque paire de pendules avec les bouts d'une
latte légère mais rigide, du centre de laquelle partent
d'autres fils ; ces fils transmettent les mouvements de
chaque paire de pendules à un morceau de bois carré
léger suspendu au moyen d'un ressort et portant une
plume. La plume est ainsi soumise au mouvement
combiné des quatre pendules et ce mouvement est enregistré par la plume sur une feuille de papier.

Il n'y a pas de limites théoriques au nombre de pendules qui peuvent être combinés de la sorte. Les mouvements sont rectilignes, mais deux vibrations rectilignes d'amplitude égale, avec une action à angle droit
de l'une sur l'autre, donnent naissance à un cercle si les
mouvements sont alternativement réguliers, à une
ellipse s'ils sont moins réguliers ou inégaux.

Une vibration circulaire peut être aussi obtenue
d'un pendule qui se balance librement au centre d'une
surface à laquelle on a imprimé un mouvement rota-
toire. On a produit de la sorte une merveilleuse série
de dessins et leur ressemblance avec les formes-pensées
est remarquable.

Ils suffisent à démontrer combien les vibrations
peuvent être facilement transformées en figures. Com-
parons de la sorte la figure 4 avec la forme-pensée
« la Prière d'une mère » (planche 12). La figure 5
avec « les Joueurs » (planche 32). La figure 6 avec les

formes serpentines de la planche 19. La figure 7 est une illustration de la complication qui peut se présenter. Il est merveilleux de constater que plusieurs des dessins, faits apparemment au hasard par la machine en question, correspondent exactement aux plus hauts types de formes-pensées qui ont été créées dans la méditation. Nous sommes persuadés qu'il y a des mines inépuisables de richesses scientifiques dans le fait que nous venons de citer, et cela bien qu'il faille encore de longues recherches avant que nous puissions affirmer d'une façon certaine la signification exacte de ces phénomènes.

Ceci veut évidemment dire que si deux forces du plan physique, dépendant l'une de l'autre en quelque sorte, peuvent créer une forme qui correspondra exactement à celle qui est produite sur le plan mental par une pensée complexe, cette pensée a dû mettre en mouvement pour être générée, deux forces symétriques du plan mental.

Il reste à voir ce que sont ces forces et comment elles agissent; si nous sommes jamais capables de résoudre ce problème il est probable qu'il ouvrira pour nous un nouveau champ de connaissances profondément utiles.

PRINCIPES GÉNÉRAUX

Trois principes généraux président à la production de toutes ces formes-pensées :

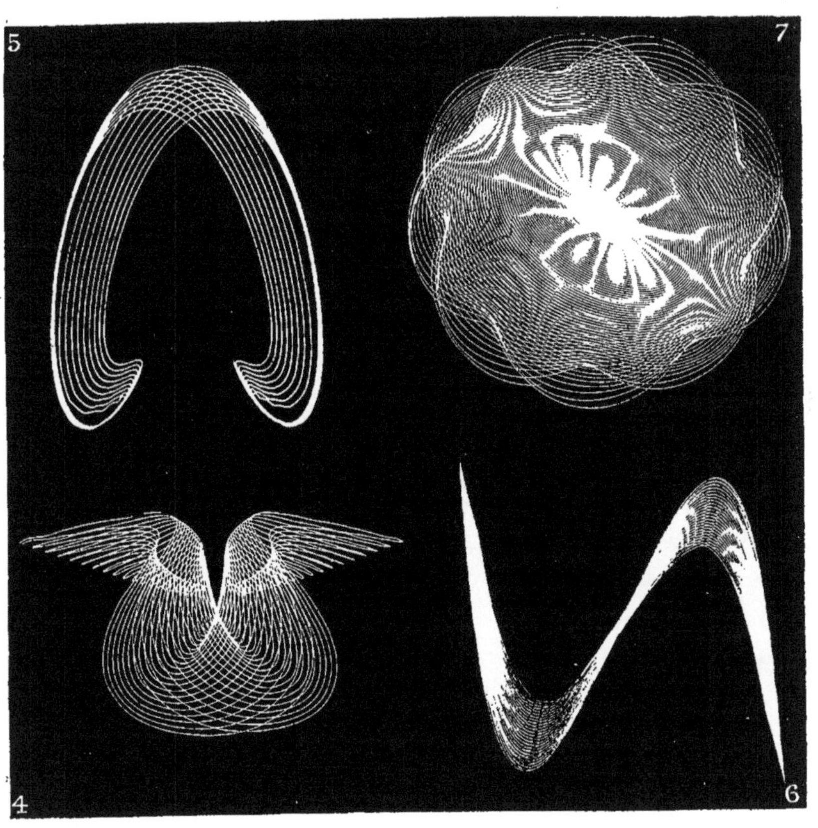
5
7
4
6

1° La qualité des pensées détermine la couleur ;

2° La nature des pensées détermine la forme ;

3° La précision des pensées détermine la netteté des contours.

La signification des couleurs

La table des couleurs donnée au début de cet ouvrage
est la même que celle dont la description a été faite
dans *l'Homme visible et invisible*. Ce qui a été dit
de ces couleurs au sujet des corps de l'homme peut se
répéter quand il s'agit des formes-pensées qui sont
générées par ces corps. Pour les lecteurs qui ne connaissent pas le livre dont il est ici question ou qui ne
l'ont pas présent à la mémoire, nous dirons que le noir
signifie la haine et la méchanceté ; le rouge, dans toute
sa gamme, du sombre rouge brique à l'écarlate brillant, indique la colère ; la colère brutale se manifeste
par des éclairs rouge sombre traversant d'épais nuages
bruns, pendant que la noble indignation se montrera
comme de l'écarlate très vif, qui sera loin d'être laid,
quoique déplaisant par son éclat ; un rouge sombre et
repoussant, presque exactement ce qu'on appelle «rouge
sang de dragon », est l'indice des passions animales et
de tous les désirs sensuels.

Le brun clair (genre terre de Sienne brûlée) signifie
l'avarice ; le triste brun gris indique l'égoïsme — cette
couleur se rencontre hélas, trop fréquemment ; le gris

profond et sombre est la marque de la dépression,
tandis que le gris pâle et livide indique la peur ; le vert
gris signale la supercherie, pendant que le vert brunâtre tacheté de points et d'éclairs écarlates appartient
à la jalousie.

Le vert semble toujours accompagner la faculté
d'adaptation ; dans le cas le plus inférieur, lorsqu'elle
se mélange avec l'égoïsme, cette faculté devient souvent la tromperie, la fausseté ; plus tard, quand l'évolution est plus élevée, la couleur devient plus franche, plus
pure, elle signifie que l'être qui la possède veut se
faire tout à tous, même s'il entre encore beaucoup
de sentiments intéressés dans ce projet, désir de popu-
larité ou de bonne réputation. Dans son aspect le plus
élevé, le vert délicat et lumineux exprime le divin pouvoir de sympathie.

L'affection se manifeste par toute la gamme du cramoisi au rose ; une couleur carminée claire et nette
signifie la forte et saine affection normale ; si ce rose
se souille d'un épais brun gris, il indique un sentiment
étroitement égoïste, pendant qu'un rose pâle et pur
appartient à cet amour absolument désintéressé qui
est l'apanage des natures élevées. Semblable aux premières lueurs de l'aurore, l'amour passe du sombre carmin des sentiments grossiers aux teintes délicates du
rose le plus suave à mesure que l'affection se purifie de
tout égoïsme et s'épanouit de plus en plus loin, em-
brassant dans sa large et tendre compassion tous les
êtres qui en ont besoin. — Cette couleur admirable

mélangée légèrement du bleu de la dévotion peut exprimer le sentiment fortement réalisé de la fraternité universelle de tous les hommes.

L'orangé sombre implique l'orgueil ou l'ambition, et toute la gamme du jaune appartient à l'intellectualité ; le jaune ocre foncé montrera l'intelligence appliquée à satisfaire l'égoïsme, pendant que le jaune cambodge clair indiquera une personnalité intellectuelle élevée. Le jaune primevère, pâle et lumineux, est l'indice de l'intelligence la plus haute et la plus désintéressée, c'est la raison pure dirigée vers des fins spirituelles.

Les teintes diverses du bleu indiquent toutes des sentiments religieux et se dégradent depuis le sombre bleu brunâtre de la dévotion égoïste ou le bleu gris du fétichisme teinté de crainte, jusqu'à la couleur intense et brillante représentant l'acte d'adoration d'un cœur aimant, jusqu'au splendide bleu d'azur pâle, exaltation de la couleur précédente et qui implique le renoncement à soi-même et l'union avec le Divin.

La pensée pleine d'amour d'un cœur pieux donne naissance à des couleurs merveilleuses, semblables au bleu profond d'un ciel d'été. Parfois, à travers les nuages de ce bleu splendide, resplendissent des étoiles d'or éclatant de toutes parts en pluie d'étincelles.

Un sentiment composé à la fois d'affection et d'adoration se manifeste par une teinte violette, dont les ombres les plus délicates suivent avec exactitude les capacités diverses qu'ont les âmes de répondre à la conception d'un idéal élevé.

L'éclat et la profondeur des couleurs donnent généralement la mesure de la force et de l'activité du sentiment qui les a fait naître.

Il ne faut pas oublier non plus le genre de matière dont ces formes-pensées sont constituées.

Si une pensée est purement intellectuelle et impersonnelle, si le penseur, par exemple, essaye de résoudre un problème d'algèbre ou de géométrie, la forme-pensée et son mode vibratoire appartiendront uniquement au plan mental. Supposons ensuite que la pensée soit toute spirituelle, qu'elle soit teintée d'amour et d'aspirations élevées, ou d'un oubli complet de soi-même, elle s'élèvera au-dessus du plan mental et empruntera beaucoup de la splendeur et de la gloire du plan bouddhique. Dans ce cas son influence est très puissante. Une pensée semblable sera toujours une force considérable qui ne peut produire qu'un effet bienfaisant sur le mental de ceux qu'elle peut atteindre, à condition toutefois qu'ils possèdent le pouvoir de la ressentir et d'y répondre.

D'autre part, si une pensée contient en elle-même quelque chose d'égoïste, un désir personnel, ses vibrations retournent en arrière et s'enveloppent de matière astrale, qui formera comme un vêtement à la matière mentale dont toute pensée est composée.

Une pensée de ce type agira donc sur le corps astral des hommes, autant que sur leur intelligence, et de la sorte éveillera non seulement leurs pensées, mais encore leurs sentiments.

Les trois catégories de Formes-Pensées

Si nous les considérons, au point de vue des formes qu'elles engendrent, nous pouvons classer les pensées en trois catégories :

1. CELLES QUI REPRODUISENT L'IMAGE DU PENSEUR

Lorsqu'un homme se voit par la pensée dans tel ou tel endroit éloigné, ou qu'il souhaite vivement y être en effet, il crée une forme-pensée qui le représente et qui apparaît au lieu où il désire être. Une forme semblable peut être vue fréquemment par les autres personnes, et a été prise souvent pour le corps astral ou l'apparition de l'homme lui-même. Dans ce cas, ou bien le voyant doit posséder assez de clairvoyance au moment même pour pouvoir observer ce fantôme astral, ou bien la forme-pensée doit avoir une force suffisante pour se matérialiser, c'est-à-dire pour attirer autour d'elle temporairement une certaine quantité de matière physique.

La pensée capable de générer une forme de ce genre doit nécessairement être puissante, aussi emploie-t-elle une grande quantité de la matière du corps mental. Quand bien même cette forme serait petite et comprimée quand elle quitte le penseur, elle s'enveloppe d'une quantité considérable de matière astrale et s'épanouit jusqu'à la dimension d'un être vivant avant qu'elle n'arrive à sa destination.

II. LES PENSÉES QUI PRENNENT LA FORME D'OBJETS MATÉRIELS

Quand un homme pense à un ami, il forme au moyen de son corps mental l'image exacte de cet ami; elle s'échappe souvent de son esprit et flotte généralement dans l'air devant lui. De même si un homme pense à une chambre, à une maison, à un paysage, de minuscules images de ces objets se forment dans le corps mental et s'extériorisent ensuite. Cela est également vrai quand l'imagination s'exerce. L'artiste qui conçoit l'œuvre qu'il va produire la construit de matière empruntée à son corps mental, puis la projette dans l'espace devant lui, la garde devant sa vision mentale et la copie. Le romancier, de même, construit les images de ses héros dans la matière mentale, puis par un effort de volonté fait mouvoir ces marionnettes, de côté et d'autre, les séparant ou les groupant, et c'est de cette manière que l'intrigue se déroule véritablement devant lui. Grâce à notre étrange et fausse conception de la réalité, il nous est difficile de comprendre comment ces images mentales peuvent exister actuellement et peuvent être si parfaitement objectives qu'un voyant puisse promptement les apercevoir, et qu'elles puissent même être transformées par un autre que par leur créateur.

Quelques romanciers ont observé superficiellement ce qui se passe, et ont affirmé que leurs héros une fois créés dans leur imagination y développent leur volonté et amènent l'intrigue à changer de direction et parfois dans un sens tout opposé au plan original de l'auteur. Ce qui arrive dans ce cas, c'est que parfois les formes-pensées sont commes rendues vivantes par des esprits facétieux de la nature, ou plus fréquemment parce que quelque romancier décédé, surveillant du plan astral le travail de son confrère, pense qu'il peut y amener un progrès et choisit cette méthode pour exprimer ses conseils.

III. LES PENSÉES QUI PRENNENT UNE FORME ENTIÈREMENT ORIGINALE ET QUI S'EXPRIMENT DANS LA MATIÈRE ATTIRÉE AUTOUR D'ELLES.

Seules les formes-pensées de cette catégorie peuvent être avec profit représentées par des illustrations, car celles des deux premières séries ne seraient en somme que des paysages ou des portraits. En ce qui concerne ces types de pensées, nous reconnaissons en eux des imitations de formes appartenant au plan physique, mais moulées dans la matière astrale, et dans le troisième groupe, au contraire, nous avons une lueur des formes dont la nature appartient au plan astral et au plan mental. C'est ce qui rend à la fois ces formes-pensées profondément intéressantes, tout en élevant une barrière insurmontable devant leur reproduction exacte.

Les formes-pensées de cette catégorie se manifestent presque toujours sur le plan astral, car, dans leur plus grand nombre, elles sont l'expression des sentiments autant que des pensées. Celles dont nous donnons ici les spécimens appartiennent presque toutes à cette classe, exception faite pour le petit nombre qui nous montre les formes-pensées merveilleuses prenant naissance dans la méditation bien définie de ceux qui sont arrivés, grâce à une longue pratique, à savoir enfin penser !

Les formes-pensées dirigées vers un individu donné donnent naissance à des effets bien définis, ces effets sont ou bien reproduits en partie dans l'aura de celui qui reçoit les pensées, et dans ce cas elles renforcent le résultat total, ou bien elles sont rejetées.

Une pensée pleine d'amour et pleine du désir de protéger, dirigée fortement vers un être bien aimé, crée une forme qui se dirige vers cette personne et demeure dans son aura comme un gardien, comme un bouclier ; cette forme-pensée cherchera toutes les occasions de se rendre utile, toutes les occasions de protéger et de défendre celui vers qui elle est envoyée, et cela non par un acte conscient et voulu, mais par une obéissance aveugle à l'impulsion créatrice ; le résultat sera de fortifier les courants bienfaisants qui circulent dans l'aura et d'affaiblir les courants malfaisants qui pourraient s'y trouver. C'est ainsi que nous créons et que nous maintenons près de ceux que nous aimons de véritables anges gardiens, et plus d'une mère, priant pour son enfant éloigné, a formé des barrières protectrices autour de lui, bien qu'elle ignore comment il se fait que ses prières aient été exaucées.

Dans le cas où des pensées, soit mauvaises, soit bonnes, sont projetées vers des personnes données, pour qu'elles remplissent bien leur mission elles doivent trouver dans l'aura de celui qui les reçoit des matériaux capables de répondre à leurs vibrations. Nulle combinaison de matière ne peut vibrer en dehors de certaines limites, et si la forme-pensée est au delà des limites entre lesquelles l'aura est capable de vibrer, elle ne peut affecter celui-ci d'aucune manière.

Par conséquent, la pensée rebondit vers celui qui l'a générée avec une force proportionnelle à l'énergie employée pour la projeter. C'est pourquoi il est dit qu'un cœur pur et un esprit élevé sont les meilleurs protecteurs contre l'assaut des pensées de haine, car le cœur et l'esprit purs construiront un corps astral et un corps mental composés de matière fine et subtile, et ces corps ne peuvent répondre aux vibrations qui appartiennent à la matière lourde et grossière. Si une pensée haineuse, mise en mouvement pour des fins perverses, se trouve frapper un corps pur comme celui dont nous venons de parler, elle est repoussée et rebondit en arrière de toute son énergie ; elle prend la ligne de moindre résistance qu'elle vient de traverser et, arrivant jusqu'à celui qui l'a générée, le frappe.

Comme celui-ci possède, dans la matière dont se composent son corps astral et son corps mental des éléments semblables à ceux qui constituent cette forme-pensée, elle y ajoute des vibrations correspondantes, et finalement le créateur de cette mauvaise pensée souffre justement de ce qu'il a voulu faire souffrir à autrui.

Ainsi donc, les malédictions et les bénédictions sont comparables aux oiseaux qui reviennent d'eux-mêmes à leur nid. On voit donc les dangers qu'il y a à adresser des pensées de haine à un homme hautement évolué : les formes-pensées envoyées contre lui sont impuissantes à l'atteindre, mais, par contre, elles retournent vers leurs créateurs et les blessent mentalement, moralement et physiquement.

Des cas semblables ont été maintes fois observés par des membres de la Société théosophique, et leur sont bien connus. Tant qu'il reste quelque chose de grossier, de bas, dans les véhicules d'un être, quelque chose qui ressemble au mal et à l'égoïsme, il est en butte aux attaques de ceux qui veulent lui faire du mal, mais quand il a éliminé tout ce mal par la purification de soi-même, ses ennemis ne peuvent rien contre lui, et il va, calme et paisible, au milieu des traits qui le menacent. Il n'en est pas de même pour les auteurs de ces pensées de haine !

Il faudrait remarquer autre chose encore, avant de

passer à l'étude de nos illustrations, c'est que chacune des pensées données ici ont été observées dans la vie réelle ; elles ne sont pas le résultat de l'imagination d'un rêveur, elles sont l'image de formes observées à l'heure actuelle, projetées par des hommes et des femmes dans un état normal, et elles ont été reproduites avec le soin le plus grand et la plus scrupuleuse exactitude, soit par ceux qui les ont vues, soit avec le secours d'artistes à qui elles ont été décrites.

Pour plus de facilité, les formes-pensées du même type ont été groupées.

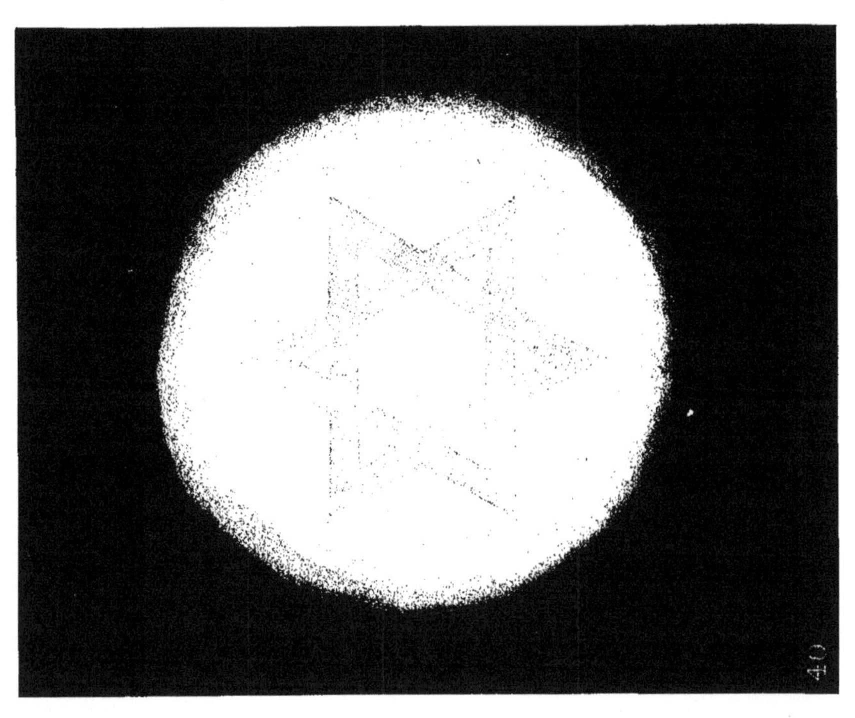

DESCRIPTION DE NOS ILLUSTRATIONS

Affections

AFFECTION PURE, MAIS VAGUE

La figure 8 est un nuage tourbillonnant d'affection pure, et n'était sa forme imprécise, il représenterait un sentiment excellent. La personne de qui il émane est heureuse, en paix avec tout le monde et elle rêve vaguement à quelque ami dont la présence lui serait agréable. Il n'y a rien d'ardent ni de fort dans cette pensée, bien qu'elle soit du nombre des entités bienfaisantes et qu'il y ait un désir exempt d'égoïsme dans le souhait de se rapprocher de ceux que nous aimons. Le sentiment qui donnera naissance à un nuage semblable sera pur dans son essence, mais il ne possédera en lui aucune force capable de produire des résultats définis. Un voyant pourrait distinguer une forme analogue autour d'un chat en train de ronronner. Elle s'irradie alors doucement à l'entour de l'animal en une série d'écailles concentriques de nuées roses qui s'élargissent graduellement pour s'évanouir à une petite distance de leur créateur satisfait et prêt à s'endormir.

AFFECTION VAGUE ET ÉGOÏSTE

La figure 9 nous montre également un nuage d'affection, mais cette fois il est profondément teinté d'un sentiment infiniment moins bon. Le triste et dur brun gris de l'égoïsme s'y montre nettement au milieu du carmin de l'amour, et nous remarquons que l'affection qui se trouve dans cette pensée est intimement liée au souvenir des faveurs reçues dans le passé et à l'espérance d'autres faveurs à attendre dans l'avenir. Quoique le sentiment créateur de la figure 8 fût bien vague, il était cependant dégagé de cette teinte d'égoïsme, et montrait une certaine noblesse chez celui qui le projetait ; la figure 9 représente ce qui tient la place de ce sentiment à un niveau inférieur de l'évolution. Il est rare que ces deux nuages puissent émaner de la même personne pendant une même incarnation. Il y a cependant quelque chose de bon dans l'homme qui génère ce second nuage, mais cet homme est encore peu évolué. Une grande partie des sentiments affectueux moyens répandus dans le monde appartient à ce dernier type et c'est seulement bien lentement, et degré par degré, qu'il se transforme, et devient le type plus élevé qui a été décrit tout d'abord.

AFFECTION BIEN DÉFINIE

Dès le premier coup d'œil jeté sur la figure 10, nous voyons que là nous avons à faire à quelque chose de tout différent, quelque chose de puissant, et capa-

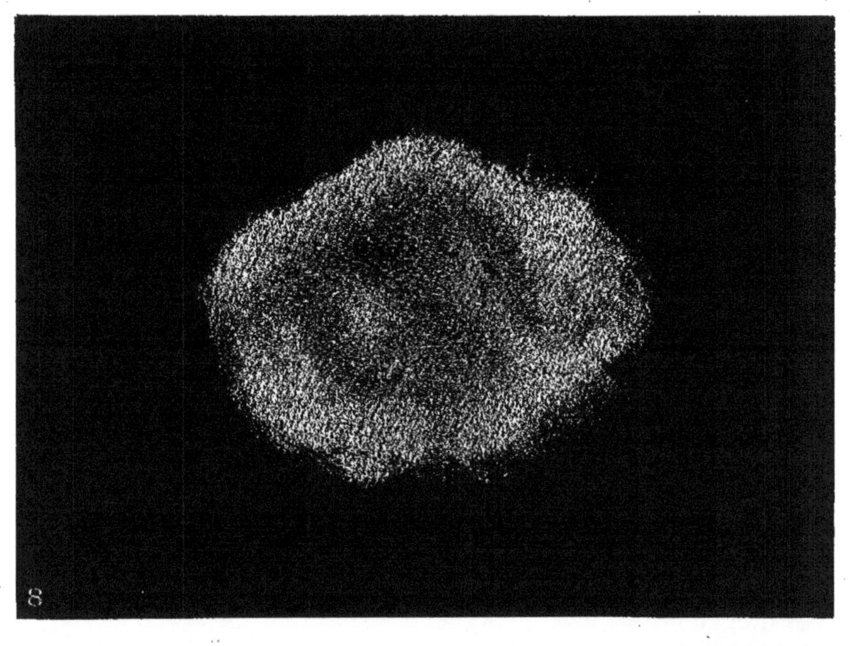

8

9

ble de produire un résultat défini. La couleur est
semblable à celle que montre la figure 8, égale en
brillant, en profondeur, mais dans le premier cas il
n'y avait qu'un sentiment tout simple, au lieu que nous
nous trouvons maintenant en présence d'une intention
pleine de force jointe à une action délibérée. Ceux qui
connaissent le livre *l'Homme visible et invisible* se
souviendront que la planche XI de cet ouvrage représente les effets d'un mouvement soudain d'affection
pure et désintéressée, tel qu'il se montre dans le corps
astral d'une mère, lorsqu'elle serre son enfant sur son
cœur et le couvre de caresses. Divers changements peuvent être produits par de brusques explosions d'émotion ; l'un d'entre eux est la formation dans le corps
astral de serpentins cramoisis, ou de tourbillons bordés
de lumière vivante. Chacun d'eux est une forme-pensée
de profonde affection, créée comme nous venons de
l'indiquer et qui va se diriger immédiatement vers
l'être qui a fait naître ce sentiment. La figure 10 montre une forme-pensée de ce type qui vient de quitter le
corps astral de celui qui l'a créée et qui se dirige vers
son but. Il est intéressant de remarquer que la forme
presque semi-circulaire de la pensée s'est transformée
de façon à ressembler à un projectile ou à la tête d'une
comète ; il est aisé de comprendre que ce changement
est dû au mouvement rapide de cette projection.

La transparence de sa couleur témoigne de la pureté
de l'émotion qui a donné naissance à cette forme-pensée, pendant que la précision de ses contours est une

preuve indéniable de la puissance et de l'énergie de l'intention.

L'âme capable de créer une forme-pensée semblable est certainement arrivée déjà à un certain degré de développement.

AFFECTION RAYONNANTE

La figure 11 nous montre le premier exemple d'une forme-pensée créée avec intention par son auteur qui s'efforce de se donner tout entier dans une pensée d'amour pour tous les êtres. Il faut se souvenir que toutes ces formes sont sans cesse en mouvement. Celle qui nous occupe, par exemple, se répand avec vigueur au loin, bien que semblable à une fontaine inépuisable surgissant du centre et dont nous ne pouvons pas reproduire la dimension.

Un sentiment de ce genre produit des effets si vastes, qu'il est difficile, à moins d'être très entraîné dans ce genre d'étude, de les décrire avec clarté et précision. La forme-pensée que nous avons essayé de représenter est d'une grande exactitude, et l'on peut remarquer en effet que les nombreux rayons qui émanent de l'étoile sont absolument nets et n'ont rien de vague.

PAIX ET SECOURS

Il est peu de formes-pensées plus belles et plus expressives que celle que nous admirons dans la figure 12. C'est une pensée d'amour et de paix, une pensée pleine

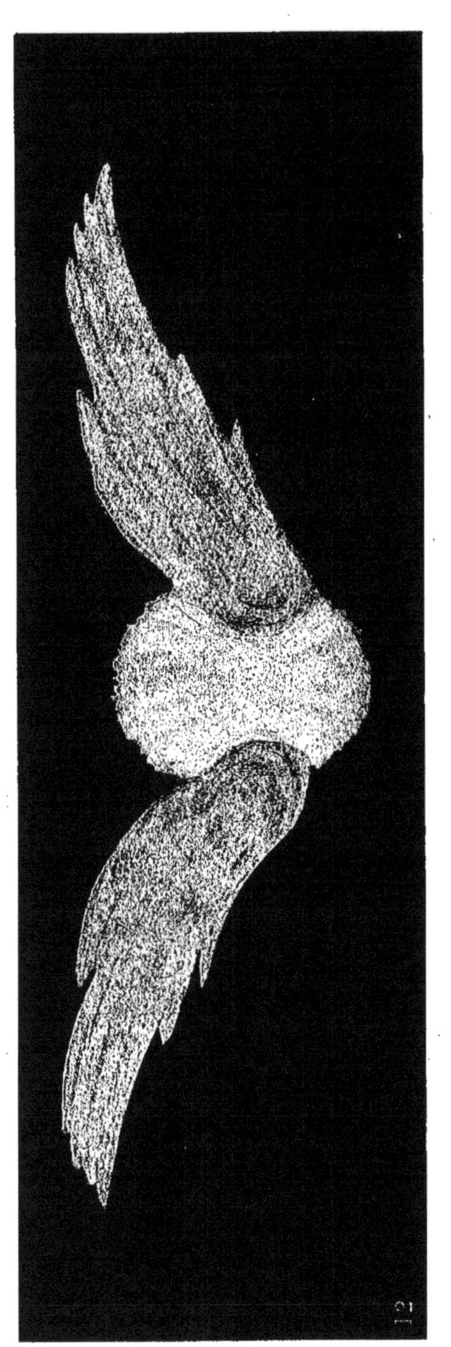

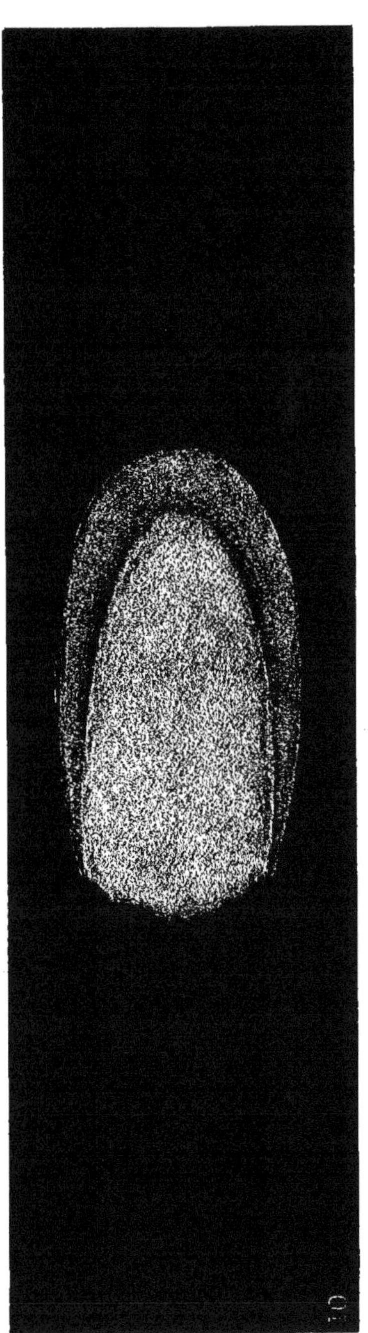

de bénédictions et de secours envoyée par quelqu'un qui peut aider, qui a obtenu le droit de bénir.

Il y a peu de chance pour qu'au moment de sa création il y ait eu dans l'esprit de celui qui lui donnait naissance la vision d'une forme ailées; il est possible néanmoins qu'un souvenir inconscient de lointains récits de son enfance sur les anges gardiens puisse avoir eu une sorte d'influence à ce moment-là. Quoi qu'il en soit, la sincérité du désir d'aider s'est enveloppée dans cette forme aussi gracieuse qu'expressive, l'affection qui l'a déterminée lui a donné sa charmante couleur rose et l'intelligence qui l'a dirigée l'illumine comme d'un soleil rayonnant. C'est ainsi que nous venons à créer de véritables anges gardiens qui veillent sur ceux que nous aimons et qui les protègent ; plus d'un souhait d'affection dépourvu d'égoïsme a pris cette forme sans que son auteur ait pu s'en rendre compte.

AFFECTION EXCLUSIVE ET INFÉRIEURE

La figure 13 nous donne un exemple de ce genre d'affection, si cet auguste nom d'affection peut être donné à un sentiment de cet ordre. Plusieurs couleurs collaborent à la formation de sa nuance terne et désagréable : la sensualité s'y exprime par une lueur blafarde assombrie encore par la teinte boueuse de l'égoïsme. La forme de cette pensée est très caractéristique et l'on ne trouve de semblables crochets re-

courbés que là où existe un ardent désir de convoitise.
Il est évident que l'auteur d'une pareille forme-pensée,
et c'est regrettable, n'a aucune idée de ce que peut
être le sacrifice par amour. Il ne sait pas non plus ce
qu'est le renoncement joyeux et il ne s'est jamais de-
mandé : « Que puis-je donner ? » Bien au contraire, il n'a
cessé de se dire : « Que puis-je gagner ? » Voilà ce que
révèlent ces courbes entre-croisées. Il n'y a pas d'élan
dans cette pensée, comme dans tant d'autres ; elle émane
comme à regret du corps astral qui doit se trouver à
gauche du dessin ; c'est en somme une triste caricature
du sentiment divin de l'amour ; il y a cependant là un
progrès réel, et c'est dans l'évolution, comme nous le
verrons plus loin, une nouvelle étape.

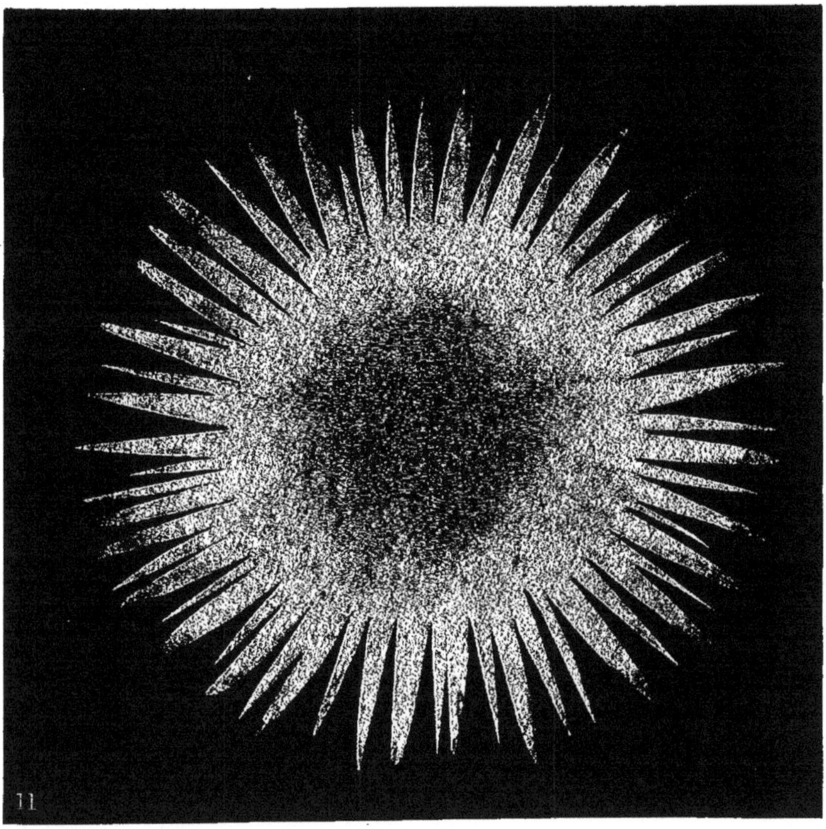

Le sentiment religieux

VAGUE RELIGIOSITÉ

C'est aussi un nuage vague et sans forme que nous montre la figure 14, mais cette fois il est bleu au lieu d'être cramoisi.

Il représente ce sentiment religieux vaguement agréable qui est plutôt une sensation béate qu'un élan spirituel véritable, état qui se rencontre si souvent chez ceux qui ont moins d'intelligence que de piété. Dans plus d'une église, on peut voir un grand nuage d'un bleu éteint flottant sur la tête des fidèles ; ses contours sont indéterminés, tant les pensées qui le produisent sont indistinctes et vagues : trop souvent aussi on peut y distinguer des teintes de brun et de gris. Car une dévotion ignorante attire avec une déplorable facilité tout ce qui ressemble à de l'égoïsme ou à de la peur. Malgré cela, cette pensée est l'esquisse de ce qui pourra devenir une force puissante ; véritable manifestation de l'une au moins des deux ailes au moyen desquelles l'âme retourne vers Dieu dont elle émane : la dévotion et la connaissance.

Il est curieux d'observer les circonstances qui accompagnent la présence de ce nuage d'un bleu indécis et souvent, du reste, son absence en dit plus encore que sa présence même. Nous le cherchons en vain dans plus d'un lieu de culte élégant et, à sa place, nous trouvons un ensemble confus de formes-pensées du type qui représente la forme d'objets matériels.

Au lieu de symboles de dévotion nous voyons flotter au-dessus des fidèles des formes astrales représentant des chapeaux, des bijoux, de somptueuses toilettes, des voitures et des chevaux, des bouteilles de liqueur et de plantureux dîners du dimanche; souvent aussi ce sont des calculs compliqués montrant qu'hommes et femmes n'ont pensé, pendant ces heures consacrées à la dévotion, qu'à leurs affaires, qu'à leurs plaisirs, et ne se sont attachés qu'à leurs soucis habituels et à leurs préoccupations mondaines.

Pourtant, il est d'humbles sanctuaires, de modestes églises, des salles de réunion où se donnent rendez-vous des âmes pieuses et simples où l'on verra planer constamment au-dessus de l'autel des nuages d'un bleu profond témoignant du sérieux et du respect religieux des âmes qui leur ont donné naissance. A de rares, très rares exceptions, on verra briller parmi ces nuages bleus, telle une lance brandie par la main d'un géant, une forme-pensée du type représenté à la figure 15; une autre fois — (fig. 16) — nos yeux verront briller avec admiration la fleur du sacrifice de soi-même.

La plupart du temps ces signes d'un développement

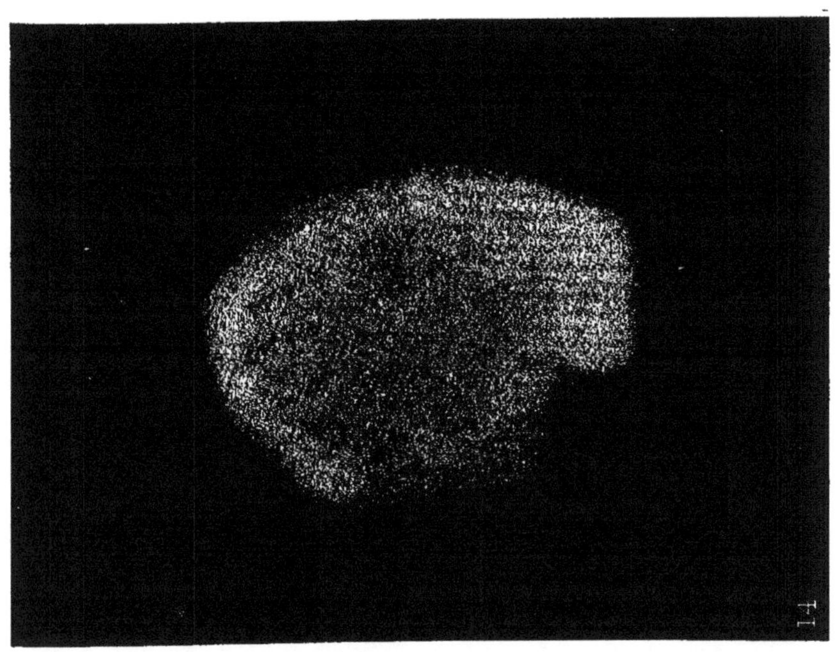

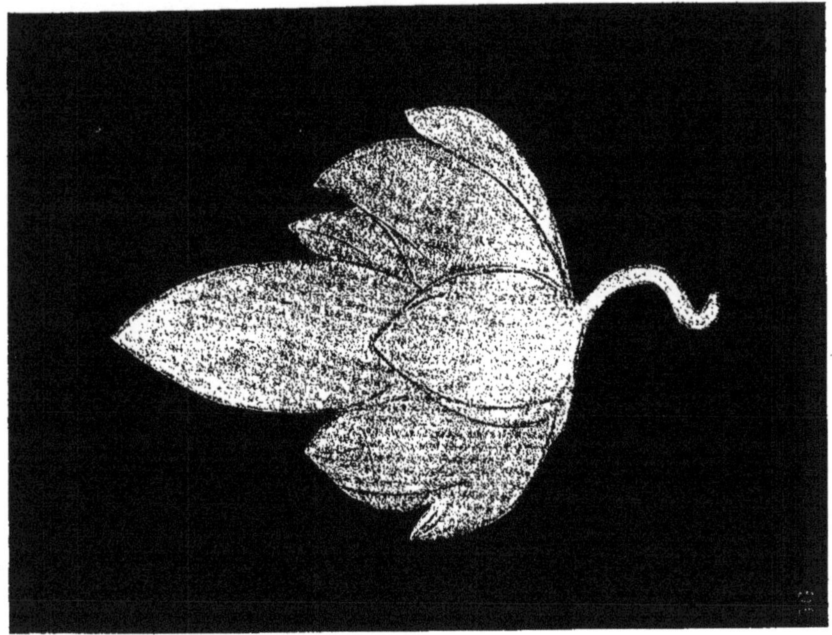

élevé ne se rencontrent pas dans les milieux dont nous
venons de parler.

ÉLAN RELIGIEUX

La forme qui est représentée dans la figure 15 est
dans les mêmes rapports avec la figure 14 que l'objet
de la figure 10, aux contours si accentués, avec le
nuage représenté dans la figure 8.

En effet, il ne peut pas y avoir de plus grand contraste que celui qui existe entre la nébuleuse informe
de la figure 14 et le dessin vigoureux du superbe
cône que nous présente la figure 15, qui doit sym-
boliser pour nous le sentiment religieux le plus développé. Il ne s'agit pas d'une pensée vague et à demi
formée, c'est bien la véritable manifestation d'une forte
émotion qui a ses racines profondes dans la connaissance des faits. L'homme qui a éprouvé ce sentiment
sait en Qui il a cru ; l'être qui a donné naissance à cette
pensée a déjà appris comment il faut penser. La direction de cette forme dépend autant du courage que de la
conviction, tandis que la netteté de ses contours montre
la clarté de l'esprit qui l'a formée, et l'admirable pureté
de sa couleur indique le don complet de soi-même.

RÉPONSE A UN ÉLAN DE DÉVOTION

Nous voyons dans la figure 17 le résultat de la
pensée précédente, la réponse du Logos à l'appel
poussé vers lui. C'est la vérité sur laquelle s'appuie,
en ce qu'elle a de plus élevé, la foi persistante dans

l'exaucement de la prière. Ceci demande quelques mots d'explication.

Sur chaque plan de Son système solaire, notre Logos répand Sa lumière, Sa puissance, Sa vie, et naturellement c'est sur les plans les plus élevés que cette expansion de force divine peut être la plus complète. La descente d'un plan au plan qui lui est inférieur représente une sorte de limitation, une paralysie ; cette limitation est presque incompréhensible, sauf à ceux qui ont, par expérience, compris les plus hautes possibilités de la conscience humaine. Ainsi la vie divine s'épanche avec une plénitude et une force bien plus grandes sur le plan mental que sur le plan astral ; et même sa gloire du plan mental est surpassée en magnificence par sa gloire sur le plan bouddhique. Chacune de ces ondes puissantes se répand sur son propre plan, horizontalement pour ainsi dire, mais elle ne passe pas dans l'obscuration d'un plan inférieur, à moins que ce ne soit pour l'usage auquel elle était primitivement destinée.

Cependant il y a des conditions grâce auxquelles la bénédiction et la force qui appartiennent à un plan plus élevé peuvent s'épandre sur un plan inférieur et y produire un effet bienfaisant. Cela est possible seulement lorsqu'un canal est ouvert entre ces deux plans et que le travail peut être fait sur le plan inférieur par l'effort de l'homme. Il a été expliqué précédemment que toutes les fois que la pensée ou les sentiments d'un homme sont teintés d'égoïsme, les énergies ainsi produites se

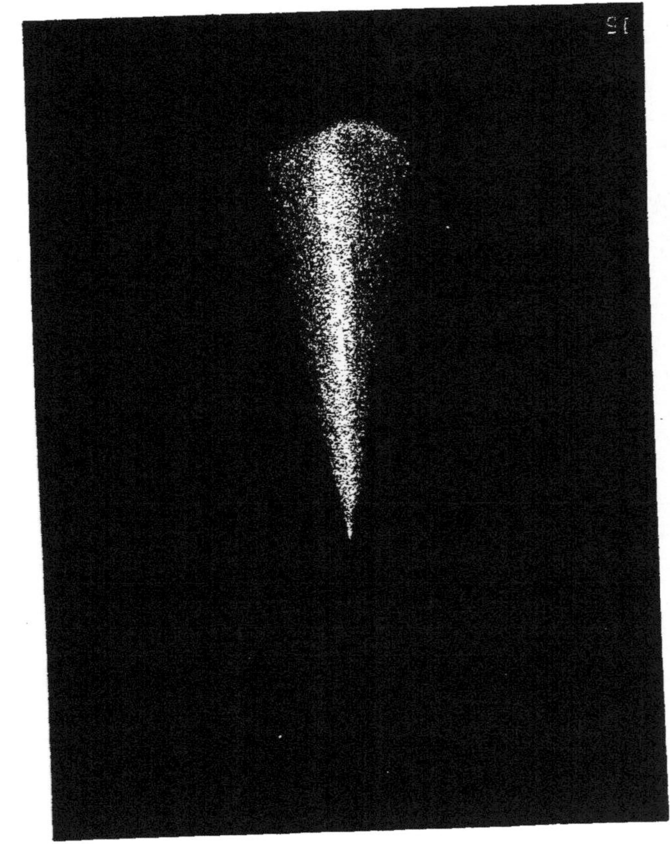
15

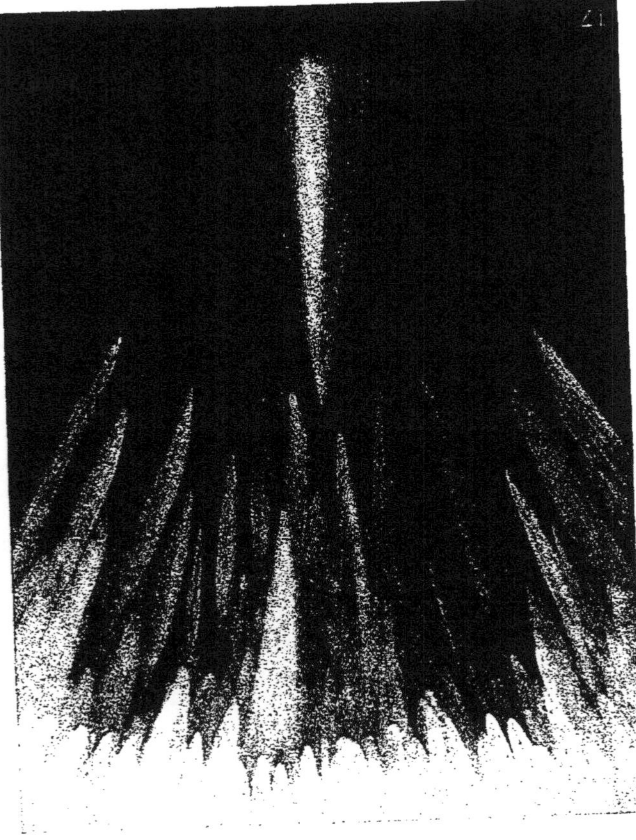
17

meuvent en un cercle fermé, et inévitablement cette
force revient et se répand sur son propre plan ; quand
la pensée est absolument désintéressée, ces énergies
se précipitent sous forme d'une courbe ouverte, et par
conséquent ne peuvent plus retourner à lui au sens
ordinaire, mais pénètrent à travers le plan supérieur,
parce que c'est là seulement, dans cet état plus élevé,
qu'elle peut, grâce à une nouvelle dimension de l'espace, trouver la possibilité d'une expansion complète.

Dans une pareille pénétration la pensée ou le sentiment dont il est question tient, pour ainsi dire, ouverte une porte d'une dimension égale à la sienne
propre ; elle ouvre ainsi le canal nécessaire à travers
lequel la force divine du plan supérieur peut pénétrer
dans un plan inférieur. Il s'ensuit des résultats merveilleux non seulement pour celui qui pense, mais pour
tous. On a essayé dans la figure 17 de représenter cette
action et de rendre sensible cette grande vérité, qu'un flot
infini de force supérieure est toujours prêt à emprunter
le canal qui s'offre à lui, de même que l'eau d'un réservoir
pénétrera dans le premier conduit qu'elle trouvera libre.

En se répandant ainsi, la vie divine apporte avec elle
un grand réconfort, elle fait grandir l'âme qui s'est
ainsi prêtée à être son canal, et la fait profiter de la
meilleure et de la plus puissante influence. On a souvent appelé pareil résultat une réponse à la prière et
l'ignorance en a fait même « une intervention directe
de la Providence » au lieu de l'action infaillible de
l'immuable loi divine.

RENONCEMENT A SOI-MÊME

Nous trouvons dans la figure 16 une autre forme de
dévotion d'un type tout nouveau pour nous et dont
l'aspect est merveilleusement beau. On pourrait presque
croire, à première vue, qu'il s'agit d'une simple copie
de la nature. La figure 16, par exemple, fait penser à
une fleur en bouton qui s'entr'ouvre. D'autres formes se
rapprochent des coquillages, des feuilles, de l'écorce.
Pourtant ces formes ne sont pas, et ne pourraient être
des copies de formes végétales et animales, et il paraît
probable que cette grande ressemblance signifie
quelque chose de plus profond. Il est un fait analogue
et plus significatif encore : des formes-pensées très
complexes, comme nous l'avons dit plus haut, peuvent
être imitées en faisant agir certaines forces mécaniques.

Si, dans l'état actuel de nos connaissances, il n'est
pas sage d'essayer d'expliquer le problème si particulièrement attachant de ces ressemblances extraordi-
naires, il semble pourtant que nous sommes sur le
seuil d'un royaume infiniment mystérieux ; en effet,
si, au moyen de certaines pensées, nous produisons
une forme qui existe déjà dans la nature, nous pouvons supposer que ces forces mêmes agissent d'une
façon analogue à l'activité créatrice de notre pensée.
Puisque l'univers est en lui-même une forme-pensée
de Dieu, il se peut que des portions de cet univers
soient elles-mêmes dues à des entités secondaires travaillant à côté de Lui ; nous pouvons ainsi nous faire

une idée de ce que signifient ces 33o millions de Dévas, dont parlent les livres hindous. Pour en revenir à la figure 16, c'est une forme du plus délicieux bleu d'azur, toute environnée et pénétrée de merveilleuse lumière blanche, modèle splendide qui a fait le tourment de l'artiste qui a essayé de le reproduire. C'est bien là le symbole de ce qu'un catholique appellerait « un véritable acte de dévotion », encore mieux : un acte de complet renoncement à soi-même.

Intelligence

La figure 18 représente un nuage vague du même
genre que celui qui est figuré aux figures 8 et 14 ; il est
d'une couleur jaune au lieu d'être cramoisi ou bleu. Le
jaune est toujours signe, du reste, dans tous les véhicules, de possibilités intellectuelles ; les nuances varient
et elles peuvent être compliquées dans certains cas
par suite du mélange d'autres teintes. En général, si
l'intelligence est surtout dirigée vers des buts qui man-
quent d'élévation, si les objets vers lesquels elle tend
sont d'ordre personnel, ce jaune est d'une teinte terne
et sombre. Prenons un homme d'affaires d'un type
moyen : le corps astral et le corps mental seront jaune
d'ocre, tandis qu'une intelligence consacrée à l'étude
de la philosophie ou des mathémathiques sera d'un
jaune d'or qui prendra des teintes de plus en plus brillantes tirant sur le citron et le jaune très clair quand
cette intelligence sera employée tout entière et sans
restrictions égoïstes au service de l'humanité. La plupart des formes-pensées jaunes ont des contours par-

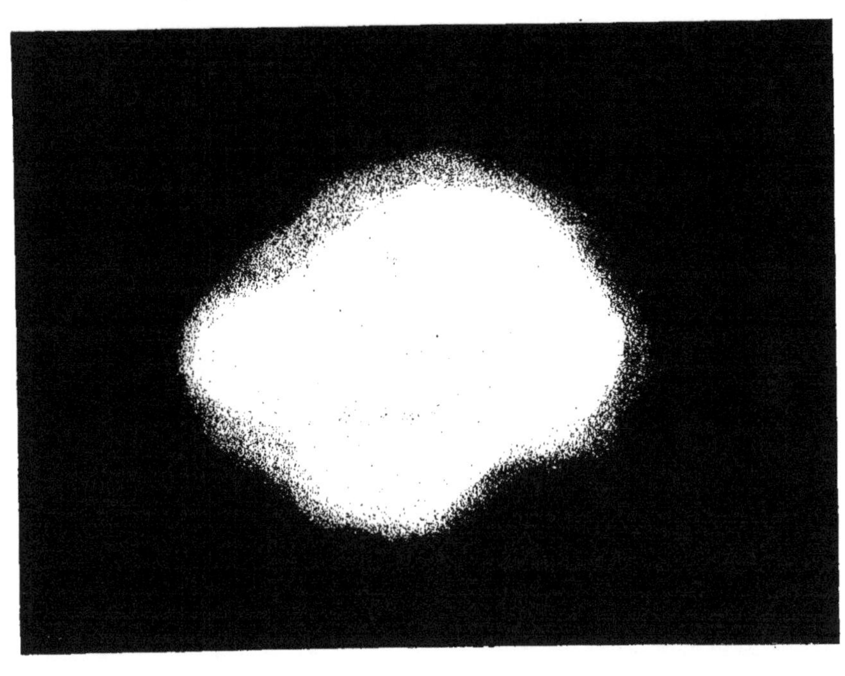

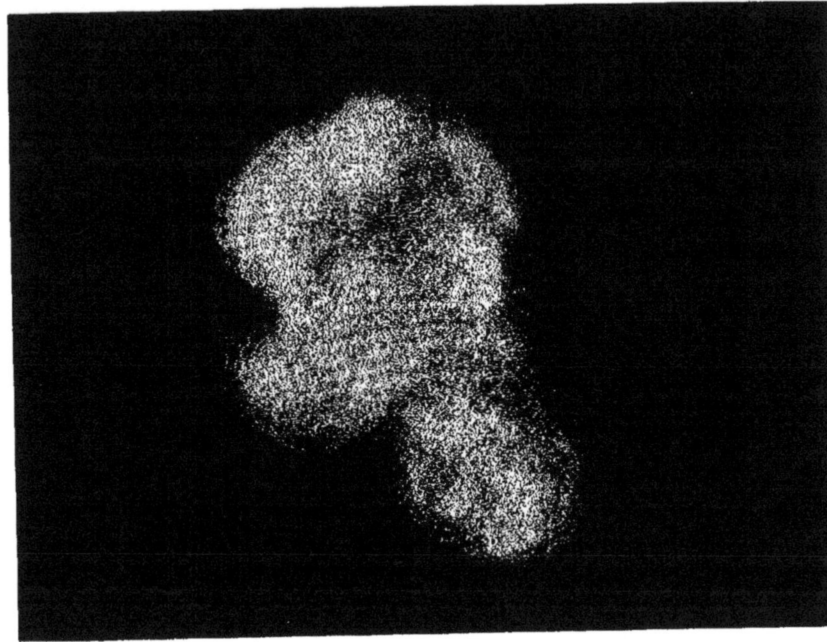

ticulièrement nets et il est rare de rencontrer des
nuages de cette couleur. C'est alors le signe d'un
plaisir intellectuel, le fait d'apprécier un acte d'habileté, la satisfaction d'un travail adroitement fait.

Chez l'homme ordinaire le plaisir qui naît de la contemplation d'un tableau dépend surtout d'habitude de
l'émotion due à l'admiration, à l'affection, à la pitié
qui prennent naissance en lui; souvent même, si cette
image représente une scène qui lui est familière, son
charme principal réside dans son pouvoir d'éveiller
le souvenir des joies passées. Pourtant, chez l'artiste,
le plaisir sera d'un tout autre caractère, basé bien plutôt
sur l'excellence de l'exécution et sur l'habileté mise en
œuvre dans un but déterminé. La pure satisfaction
intellectuelle se montrera donc sous la forme d'un
nuage jaune; il en sera de même pour traduire la joie
d'une parfaite exécution musicale ou les subtilités d'une
argumentation adroite. Un nuage de cette nature ne
se mélange jamais d'émotion personnelle; s'il en était
ainsi le jaune serait aussitôt teinté d'une couleur personnelle correspondante.

VOLONTÉ DE SAVOIR

La figure 19 est intéressante parce qu'elle nous
donne une indication sur le développement d'une forme-
pensée. Au début, — c'est le dessin qui est représenté
en haut de la page, — nous assistons à un fait fréquent
et qui est le signe de la volonté de résoudre des pro-

blèmes, l'intention ferme de savoir et de comprendre.
Souvent le conférencier théosophe voit émaner de son
auditoire et se diriger vers lui, pendant qu'il parle,
beaucoup de ces formes serpentines jaunes ; il les
accueillera comme une preuve de l'intelligence avec
laquelle ses auditeurs suivent ses développements et
de leur ardent désir de les comprendre à fond et d'en
savoir toujours davantage. Des formes-pensées ana-
logues accompagnent souvent les questions qui sont
posées ; si, comme c'est malheureusement bien souvent
le cas, la question est due moins à un désir sérieux de
savoir qu'à la volonté de faire valoir l'habileté de celui
qui la pose, la forme-pensée en question sera fortement teintée de l'orangé profond qui est le signe du
contentement de soi-même. Le fait s'est produit à
une réunion théosophique où une question dénotant
une acuité de pensée très grande venait d'être posée.
La réponse qui fut faite tout d'abord ne donna pas
satisfaction au questionneur qui parut avoir l'impression que le conférencier cherchait à éluder le problème.
Néanmoins la résolution d'obtenir une réponse donnant pleine satisfaction s'affirme de plus en plus forte,
si bien que la forme-pensée primitive devint peu à peu
plus foncée, pour prendre la seconde des deux formes
figurées ici, c'est-à-dire un véritable tire-bouchon ! La
curiosité paresseuse et frivole engendre continuelle-
ment des formes pareilles à celle-ci, mais comme dans
ce cas l'intelligence ne joue aucun rôle, la couleur
n'est plus jaune, mais devient celle de la viande gâtée,

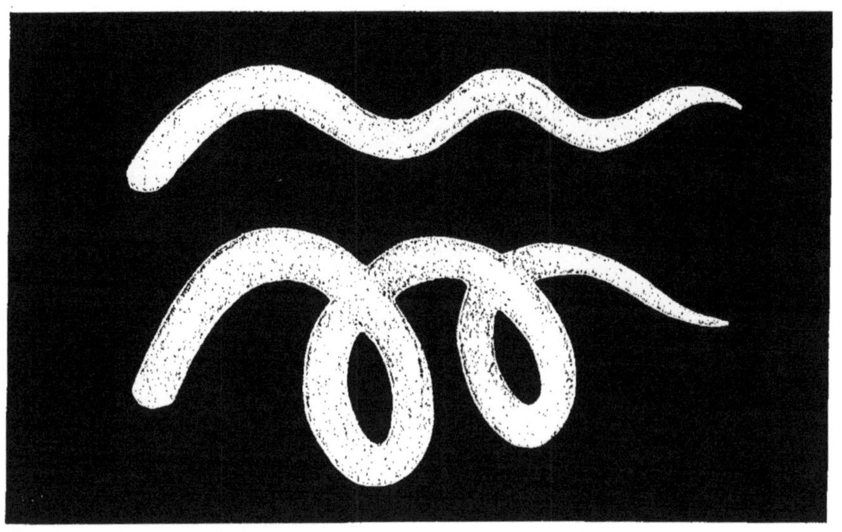

quelque chose dans l'esprit de la figure 29 qui représente un homme ivre déjà et réclamant sa boisson
favorite.

AMBITION ÉLEVÉE

La figure 20 nous présente une autre manifestation
du désir, l'ambition du pouvoir.

La caractéristique de l'ambition est la couleur orangé,
d'un ton riche et profond ; celle du désir consiste dans
les prolongements en crochets qui précèdent la forme
en mouvement. Les pensées de cet ordre ne sont que
bonnes et pures ; s'il y avait quelque chose de bas ou
de personnel dans le désir, cela se traduirait par l'apparition d'une teinte qui viendrait ternir l'orangé en
l'assombrissant de rayons rouges, bruns ou gris.
L'homme dont nous examinons ici la pensée ne con-
voite pas le pouvoir pour en profiter personnellement,
mais bien dans le but de faire son devoir et d'agir au
mieux de l'intérêt des hommes, ses frères.

AMBITION ÉGOÏSTE

Nous trouvons à la figure 21 un type de l'ambition
égoïste. Non seulement nous pouvons y constater la
présence du gris brun terne de l'égoïsme, mais aussi
une considérable différence dans la forme, bien qu'on
se trouve en face de la même rectitude dans les contours. Dans la figure 20, on sent une montée continue
vers un objet défini : et la partie centrale peut s'assi-

miler, comme dans la figure 10, à un véritable projectile. La figure 21, au contraire, est une forme qui flotte encore, signe évident d'un désir non dissimulé de mettre la main, dans un but uniquement personnel, sur tout ce qui peut se trouver en vue.

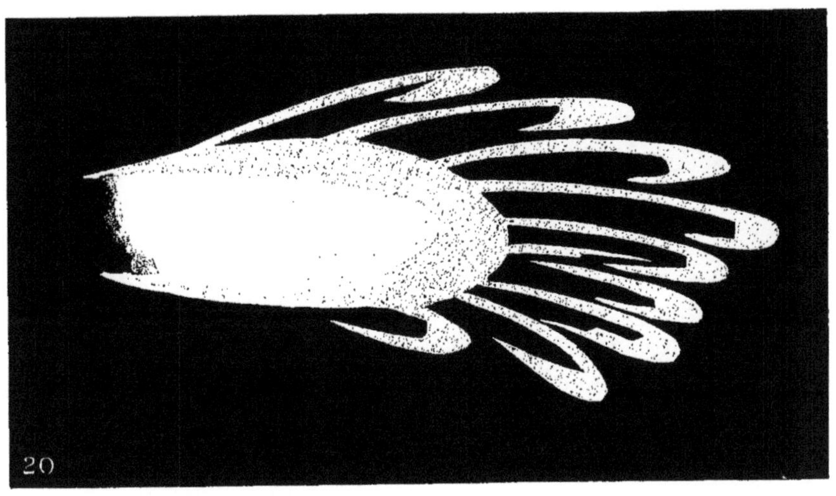

20

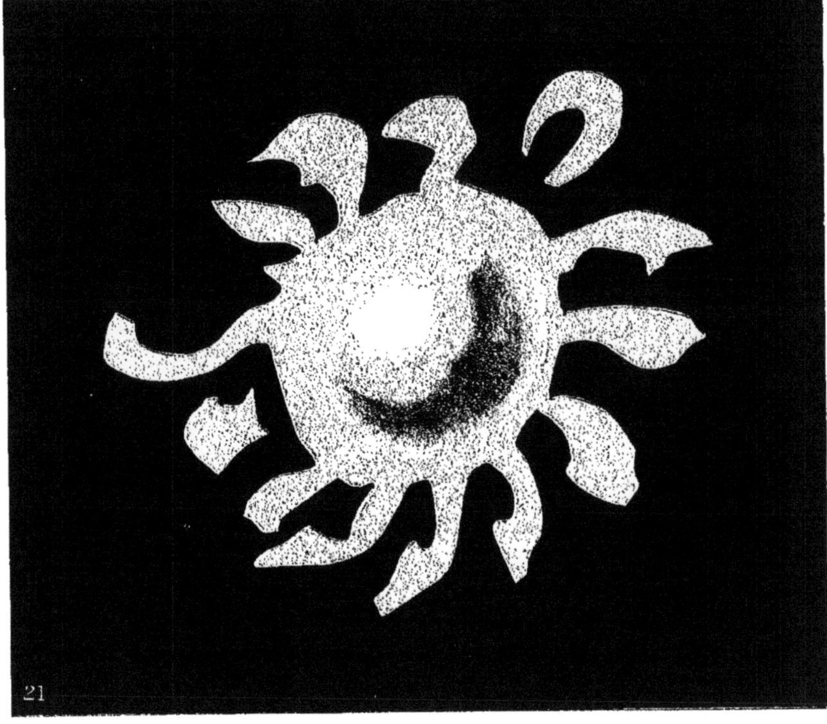

21

Colère

RAGE MEURTRIÈRE ET COLÈRE PERSISTANTE

Dans les figures 22 et 23 nous trouvons deux exemples terribles des effets épouvantables de la colère. L'éclair brillant qui, à la figure 22, s'échappe de nuages sombres a été saisi sur le vif chez un homme des faubourgs de Londres qui, à peu près ivre, venait d'assommer une femme ; au moment où il lève la main pour la frapper, l'éclair est projeté sur elle, causant un effroyable sentiment d'horreur, et comme si par lui-même il devait donner la mort. Le dard à la fine pointe acérée de stylet — fig. 23 — est une forme-pensée de colère soutenue ; il est la marque d'un désir intense de vengeance, d'une sorte d'appel au meurtre, datant de longues années et dont le but est dirigé vers une personnalité qui a déjà infligé une forte humiliation à celui qui lui a donné naissance.

Si ce dernier avait été en possession d'une volonté forte et exercée, une pareille forme-pensée aurait pu tuer, et celui qui en est l'auteur court le risque de devenir un meurtrier de fait aussi bien qu'un meurtrier en pensée dans une future incarnation.

Notons que ces deux formes-pensées ont l'aspect d'un éclair, bien que l'une soit irrégulière dans sa forme et que l'autre représente une intensité soutenue qui est infiniment plus dangereuse.

L'essence d'égoïsme absolu qui caractérise la première est très frappante et instructive ; il faut aussi remarquer la différence des couleurs. Dans l'une, le brun terne de l'égoïsme est si frappant qu'il éteint même l'éclat brutal de la colère ; dans l'autre, bien que l'égoïsme soit aussi à la base, cette pensée a disparu devant la violence et la persistance d'un état de colère. Si l'on étudie la planche XIII dans *l'Homme visible et invisible*, on pourra se rendre compte de l'état d'un corps astral donnant naissance à de pareilles formes ; le seul aspect de ces images sera, même à première vue, une merveilleuse leçon de choses illustrant tout le danger de céder à la terrible passion qu'est la colère.

ACCÈS DE COLÈRE

Dans la figure 24 nous voyons l'image d'une colère d'un tout autre genre. Ce n'est plus la haine soutenue, mais simplement une violente explosion de mécontentement. Pendant que les auteurs des formes-pensées figurées aux numéros 22 et 23 dirigent leur animosité contre un individu bien distinct, la personne qui crée la forme 24 est en guerre contre l'univers entier. Tel est l'état d'irritation, par exemple, d'un vieillard hargneux qui s'imagine à chaque instant qu'on l'insulte et qu'on lui

veut du mal ; en effet, les éclats de couleur orangé mélangés d'écarlate indiquent que son orgueil a été sérieusement mis à l'épreuve.

Il est intéressant de comparer le rayonnement de cette planche avec celui de la figure 11. Dans le premier cas nous avons l'indication d'une véritable explosion brusque, il est vrai, mais irrégulière dans ses effets. Le vide laissé au centre nous indique que le sentiment qui l'a produit est déjà quelque chose du passé et qu'il n'y a pas eu création à proprement parler d'une autre force. Dans la figure 11, au contraire, c'est le centre qui est la partie la plus importante de la forme-pensée ; et ceci nous indique que la cause' de cette colère n'est pas le résultat d'un accès passager, mais bien qu'il y a eu un développement constant d'énergie, tandis que les rayons montrent bien, par leur qualité, leur longueur et l'égalité de leur distribution, l'effort continu qui les a produits.

LA JALOUSIE INQUIÈTE ET COLÈRE

Dans la figure 25 on nous montre une intéressante forme-pensée, malgré son désagréable aspect. Sa couleur vert brunâtre indique au clairvoyant entraîné qu'elle est bien l'expression de la jalousie, et sa curieuse forme est la preuve de l'ardeur avec laquelle son auteur surveille le but qu'il poursuit. Cette extraordinaire ressemblance avec un serpent qui lève la tête montre bien l'attitude étrangement infatuée de la personne jalouse qui excelle à découvrir et qui finit par voir ce qu'elle souhaite !

Au moment où elle commence à voir ou à s'imaginer ce qu'elle croit voir, la pensée prendra l'aspect d'une forme bien plus connue, que nous retrouvons à la figure 26, et qui est un composite de jalousie et de colère. Il faut remarquer, en outre, qu'ici la jalousie se manifeste plutôt sous la forme d'un nuage vague, bien que transpercé par des éclats de colère prêts à frapper ceux par lesquels son auteur se croit injurié.

Dans la figure 25, au contraire, où il n'y a pas de colère, la jalousie a un aspect parfaitement défini et expressif.

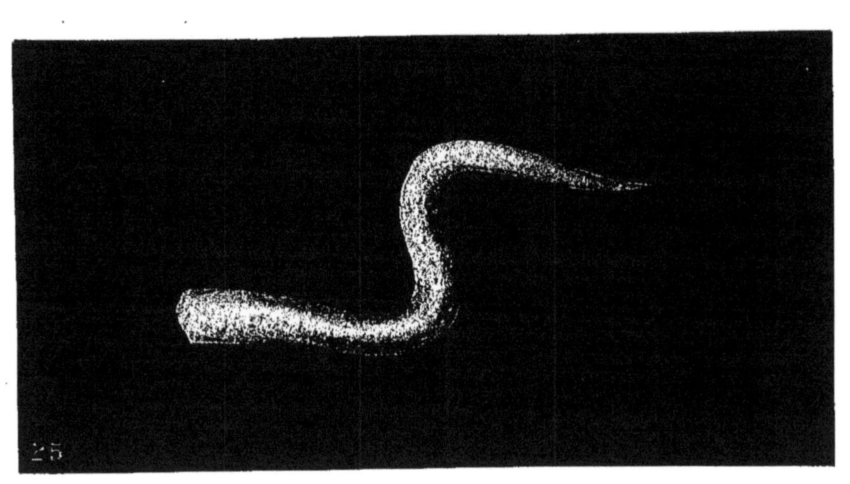

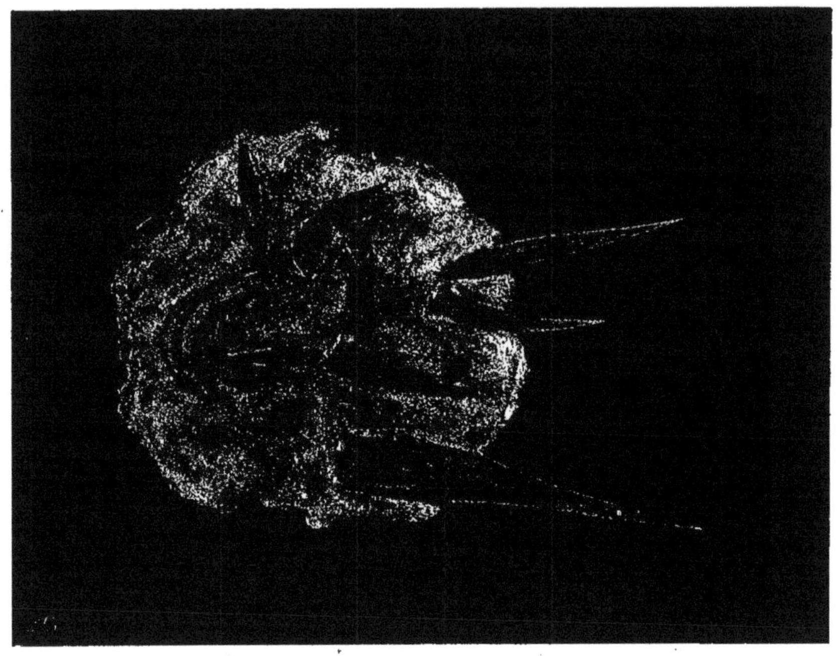

La Sympathie

VAGUE SYMPATHIE

Dans la figure 18 *a*, nous avons aussi des nuages vagues, mais cette fois la couleur verte nous indique que c'est là une manifestation du sentiment de sympathie.

Nous pouvons conclure, du caractère indistinct de cette forme, qu'il ne s'agit pas là d'une sympathie active et bien définie toute prête à transformer la pensée en action ; il s'agit bien plutôt du sentiment de commisération qui peut être éveillé dans l'âme d'un homme qui lit le récit d'un triste accident, ou qui regarde depuis la porte dans une salle d'hôpital les malades qui s'y trouvent.

La Crainte

Il est peu de choses plus pitoyable à voir, dans la nature, qu'un homme ou un animal saisi d'une crainte soudaine. Lorsque nous examinons la planche XIV de *l'Homme visible et invisible*, nous voyons que dans ces circonstances le corps astral ne présente pas un aspect plus satisfaisant que le corps physique. Quand le corps astral d'un homme est dans un état de vibrations forcenées, sa tendance naturelle le porte à rejeter loin de lui des fragments amorphes qui font explosion comme des rochers lancés de toutes parts avec violence : ce que vous pouvez voir dans la figure 3o. Mais lorsqu'une personne, sans être sous le coup de la terreur, est violemment effrayée, nous voyons souvent un effet analogue à celui qui est indiqué sur la figure 27.

Dans l'une des photographies transmises par le docteur Baraduc, de Paris, on a pu observer qu'une éruption de cercles brisés est le résultat d'une contrariété soudaine, et cette émission de formes en croissants — fig. 27 — semble être quelque chose de la même

nature quoique, dans ce cas, ce soient les lignes voisines qui donnent encore davantage à l'ensemble l'aspect d'une explosion. Il faut remarquer que tous les croissants du côté droit, qui ont dû être projetés au début, ne montrent que la livide teinte grise de la peur ; mais un moment après, l'homme, étant déjà un peu remis du premier choc, commence à regretter de s'être laissé surprendre par la frayeur.

On peut remarquer en effet que les croissants créés en second lieu sont soulignés de rouge écarlate, ce qui indique un mélange de colère et de crainte ; dans les derniers, au contraire, le gris a complètement disparu et c'est le signe que la crainte est chassée, ne laissant subsister que la contrariété.

La Convoitise

CONVOITISE ÉGOÏSTE

Nous avons, figure 28, un exemple de convoitise
égoïste d'un type encore inférieur à celui de la figure 21.
Il est à remarquer que nous nous trouvons en présence
d'un sentiment qui ne contient pas même ce que l'ambition peut y apporter de grandeur, mais que nous y
découvrons, grâce à la teinte de vert boueux qui s'y
trouve, la certitude que la personne qui projette cette
forme-pensée déplaisante est capable d'employer la
tromperie pour obtenir ce qu'elle désire.

Tandis que la figure 21 nous montre l'ambition en
général, la figure 28 nous exprime le désir appliqué
à un objet bien défini qu'il s'efforce d'atteindre ; on
n'oubliera pas qu'ici comme dans la figure 13 cette
forme-pensée reste attachée au corps astral qu'on sup-
posera placé à gauche du dessin.

Des formes armées de griffes de cette nature s'aper-
çoivent souvent, dirigées vers une femme qui porte une
toilette nouvelle ou quelque bijou remarquable.

La couleur de cette forme-pensée peut varier sui-

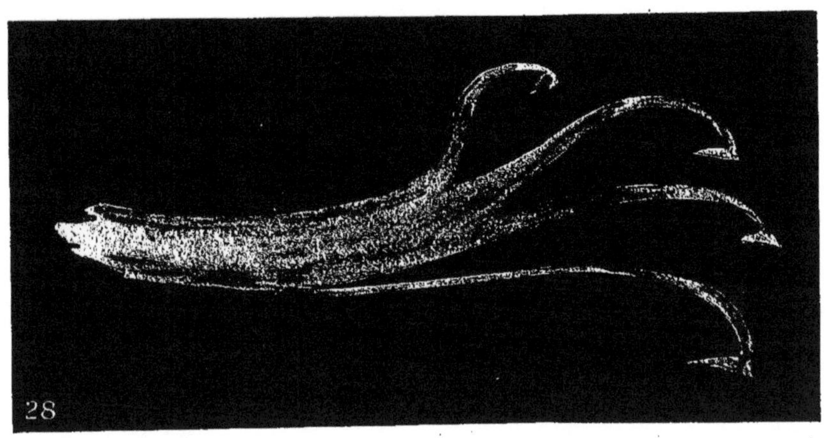

28

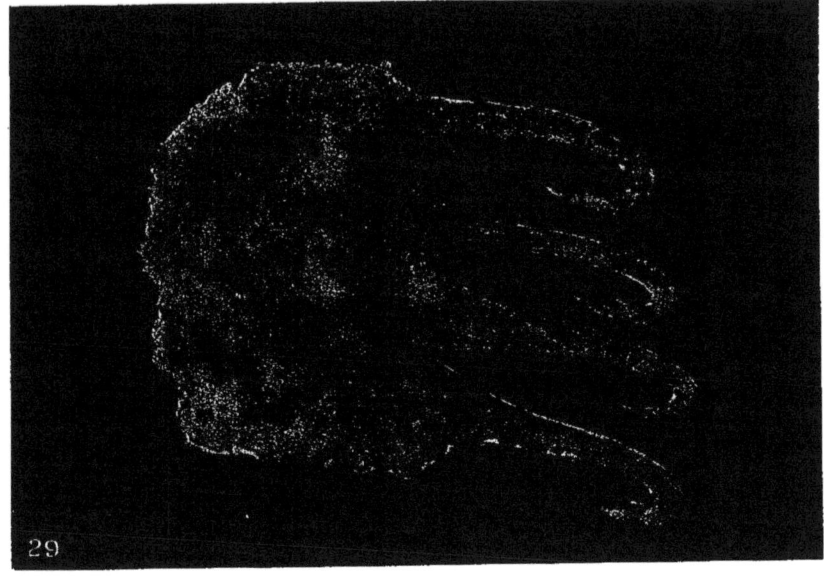

29

vant la quantité d'envie ou de jalousie mêlées à la convoitise, mais le type de notre illustration se rencontre à peu près dans tous les cas.

Il n'est pas rare de voir les passants arrêtés devant les vitrines des magasins projeter à travers les vitres des crampons de matière astrale semblables à ceux qui sont figurés dans la figure 28.

LE DÉSIR PASSIONNÉ DE LA BOISSON

Nous avons dans la figure 29 une variante de la même passion à un degré encore plus bas et plus animal. Il s'agit, dans l'espèce, d'une forme créée par le corps astral d'un homme au moment où il franchit le seuil d'un cabaret ; il est impatient de boire, et sa funeste passion se traduit par la projection hideuse qui se trouve devant lui. Là encore les protubérances crochues de cette forme-pensée indiquent le désir insatiable, tandis que sa couleur et sa grossière texture tachetée montrent que cette convoitise est basse et sensuelle. Les désirs sexuels se montrent souvent d'une façon identique.

Les hommes qui donnent naissance à de semblables formes-pensées sont depuis peu sortis de l'animalité ; à mesure qu'ils s'élèveront dans l'échelle de l'évolution, cette forme-pensée sera remplacée par un nuage ressemblant à la figure 13. Très lentement, en avançant dans leur développement, cette forme passera par

les étages indiqués dans les figures 8 et 9 jusqu'à ce
que finalement, tout égoïsme étant vaincu et tout désir
de posséder étant transmué en désir de donner, nous nous
trouvions devant les résultats splendides indiqués dans
les figures 11 et 10.

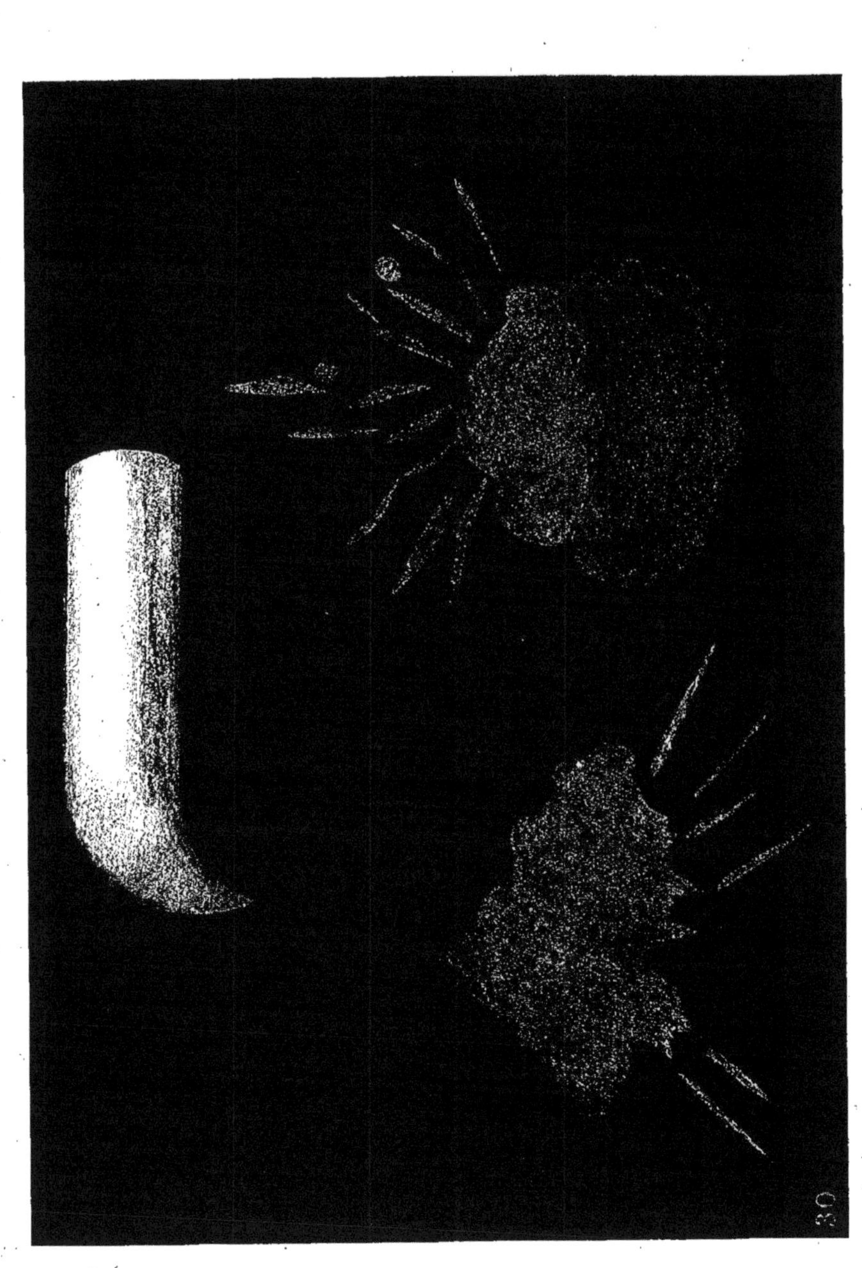

Émotions diverses

PENDANT UN NAUFRAGE

La panique qui a occasionné le groupe si intéressant de formes-pensées composant la figure 3o était
grave. Ces pensées ont été vues simultanément au
milieu d'une indescriptible confusion, mais leurs posi-
tions relatives les unes aux autres ont été gardées. En
les expliquant nous serons obligés de les examiner
dans un ordre opposé à celui de l'illustration.

Elles furent amenées par un terrible accident, et elles
sont très instructives en ce qu'elles nous apprennent
combien les gens peuvent être différemment affectés par
un danger sérieux et subit. Une de ces formes ne nous
montre qu'une livide éruption du gris terne de la
peur s'élevant d'une masse d'extrême égoïsme et dans
l'accident en question cette forme n'était malheureusement pas la seule de son espèce.

L'aspect d'une explosion que possède cette forme-
pensée nous montre le caractère violent et absolu de
la crainte, il nous indique que l'âme tout entière de la
personne qui en est l'auteur est possédée par une ter-

reur aveugle et folle et que le sentiment irrésistible du danger personnel existe, à l'exclusion de tout autre sentiment.

La seconde forme-pensée représente au moins un essai de contrôle de soi-même et nous montre l'attitude adoptée par une personne possédant une certaine somme de sentiments religieux. L'auteur de cette pensée, une femme, cherche un soulagement dans la prière et essaye de cette manière de vaincre sa peur, ceci nous est indiqué par la petite pointe de gris bleu qui s'élève avec hésitation; la couleur entière nous montre que cet effort n'est qu'imparfaitement couronné de succès. Nous remarquons que la partie inférieure de la forme-pensée avec son dessin irrégulier et ses parties fragmentées nous indique une crainte presque aussi absolue que dans la forme précédente. Mais au moins cette femme avait eu assez de présence d'esprit pour se souvenir qu'elle devait prier, et pour essayer de s'imaginer qu'elle n'avait pas aussi peur qu'elle l'éprouvait en réalité, tandis que chez l'autre il n'existait rien qu'une terreur égoïste.

L'une gardait quelque chose d'humain, quelque retour possible de contrôle de soi-même, l'autre avait mis de côté tout respect de soi et n'était plus que l'abjecte esclave d'une émotion écrasante.

Quel contraste frappant entre l'humiliante faiblesse de ces deux formes et la force splendide, la ferme décision de la troisième ! Là nous n'avons point de masse amorphe aux lignes hésitantes, ni de

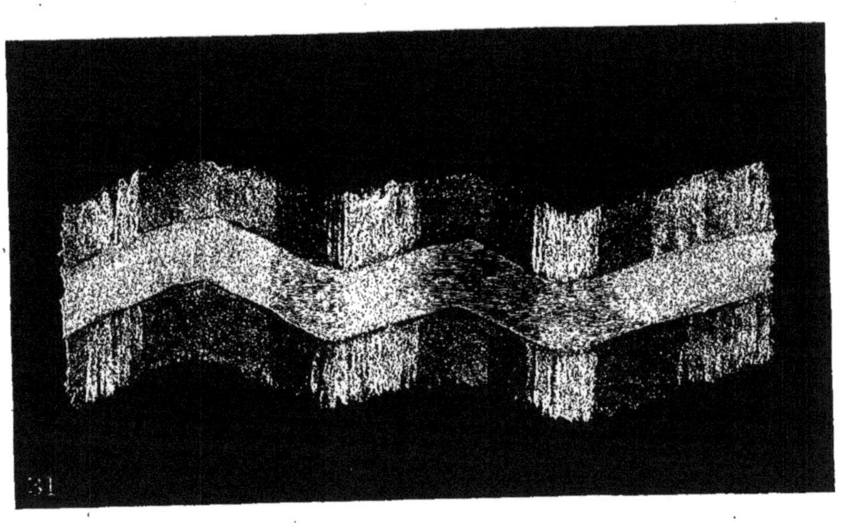

31

fragments en explosion, nous avons une pensée puissante bien tranchée et définie, nettement pleine de force et de volonté. C'est la pensée de l'officier responsable de la vie et de la sécurité des passagers et il s'élève à la hauteur de cette circonstance critique de la manière la plus satisfaisante.

Nul sentiment de peur, il n'en a pas le temps ! Quoique la teinte écarlate de la pointe aiguë de cette pensée qui a pris la forme d'un harpon nous montre la colère causée par l'accident lui-même, la courbe hardie orangée qui la suit prouve une confiance parfaite en soi et la certitude de pouvoir faire face aux difficultés de la situation. Le jaune brillant signifie que l'intelligence est prête à résoudre le problème, tandis que le vert qui l'accompagne indique la sympathie ressentie pour ceux qu'il essaye de sauver. — Ces trois formes-pensées forment un groupe très frappant et instructif.

LE SOIR D'UNE PREMIÈRE REPRÉSENTATION

La figure 31 est aussi un intéressant spécimen de formes-pensées, unique peut-être, car il représente l'état mental d'un acteur pendant qu'il attend le moment de paraître en scène, un soir de première. La large bande orangée du centre est nette et exprime une confiance en soi bien fondée, le souvenir de succès antérieurs, et l'attente presque certaine d'un succès nouveau. Cependant, en dépit de cette confiance, nous voyons dans cette forme-pensée une bonne part d'incertitude inévitable au sujet de l'accueil que le public capricieux fera à la pièce nouvelle ; la confiance et l'ambition se trouvent donc contrebalancées par le doute et la crainte ; nous voyons plus de gris livide que d'orangé, et la forme-pensée tout entière vibre comme un drapeau qui claque au vent.

Remarquez que la ligne orangée est parfaitement claire et nette, tandis que la partie grise est beaucoup plus vague.

LES JOUEURS

Les formes représentées dans la figure 32 ont été observées au même moment, dans une des salles de jeu de Monte-Carlo. Elles représentent toutes deux une des plus basses passions humaines, et l'on a peine à choisir entre elles quoiqu'elles proviennent, l'une du joueur qui gagne, l'autre du joueur qui perd.

La forme du bas ressemble beaucoup à un œil sombre et étincelant : cela doit être simplement une coïncidence, car lorsque nous analysons cette forme-pensée, les différentes parties qui la constituent et leurs couleurs s'expliquent parfaitement. La base de la forme-pensée est un nuage irrégulier de dépression profonde, puissamment indiqué par le triste brun gris de l'égoïsme, et la teinte livide de la peur. Au centre nous trouvons un anneau écarlate nettement marqué qui prouve la colère intense et le ressentiment que le joueur éprouve contre le sort, qui lui est contraire ; enfin le cercle noir si caractéristique qui occupe le centre exprime la

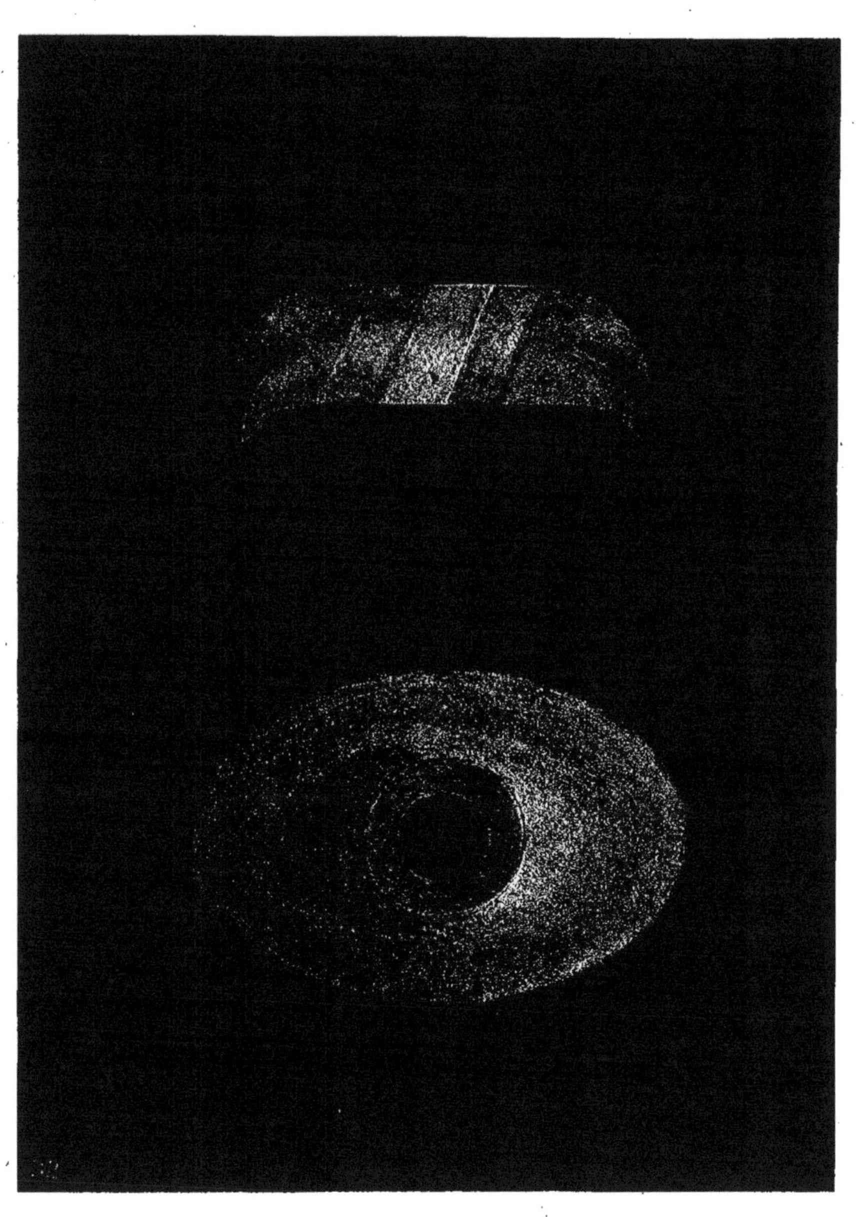

haine de l'homme ruiné pour ceux qui lui ont gagné son argent. L'être capable de projeter une forme-pensée semblable est sans aucun doute dans le plus sérieux et le plus imminent des dangers, car il est au fond même du gouffre du désespoir ; étant un joueur, il n'a probablement pas de principes capables de le soutenir ; il peut être amené à avoir recours au suicide, refuge imaginaire, car, en se réveillant sur le plan astral, il trouvera qu'il a changé son triste état contre un état plus triste encore, ce qui est toujours le cas après un suicide ; son action pleine de lâcheté l'a éloigné de la paix et du bonheur qui suivent en général la mort.

La forme représentée au-dessus est peut-être moins dangereuse dans ses effets ; car elle montre l'état d'âme du joueur heureux qui dévore des yeux son gain mal acquis. Ici le dessin est parfaitement net, et le désir de l'homme de continuer dans la voie choisie est évident. La large bande orangée du centre indique clairement que lorsque ce joueur perd il en rend le sort responsable, quand il gagne il attribue son succès à son génie remarquable. Il a probablement inventé quelque système sur lequel il appuie sa confiance et dont il est extraordinairement fier ; mais remarquons les sombres bandes de l'égoïsme qui suivent à droite et à gauche ! Elles nous montrent comment cet orgueil peut devenir de l'avarice. Bien plus ! les extrémités en forme de griffes de cette forme-pensée nous exprimentclairement le désir vulgaire du gain.

UN ACCIDENT DANS LA RUE

La figure 33 est instructive en ce qu'elle nous montre les formes diverses que peut prendre un même sentiment chez différentes personnes. Ces deux manifestations d'émotion bien évidente furent étudiées au même moment parmi les spectateurs d'un accident de la rue : quelqu'un avait été renversé et légèrement blessé par une voiture.

Les personnes qui ont créé les deux formes-pensées de la figure 33 étaient animées toutes deux du plus affectueux intérêt pour la victime de cet accident et étaient pleines d'une profonde compassion pour ses souffrances. Leurs formes-pensées posséderont par conséquent les mêmes couleurs, bien que leur dessin soit tout à fait différent.

La personne au-dessus de laquelle flotte la vague sphère colorée pense : « Oh ! le pauvre malheureux ! Que c'est triste ! », tandis que celle qui a donné naissance au disque nettement défini dans ses lignes est déjà prête à courir chercher du secours, prête à voir comment elle pourrait rendre service.

L'un est un rêveur doué d'une sensibilité aiguë, l'autre est un homme d'action.

A UN ENTERREMENT

Nous avons, dans la figure 34, un exemple excessivement frappant de l'avantage qu'apporte la connais-

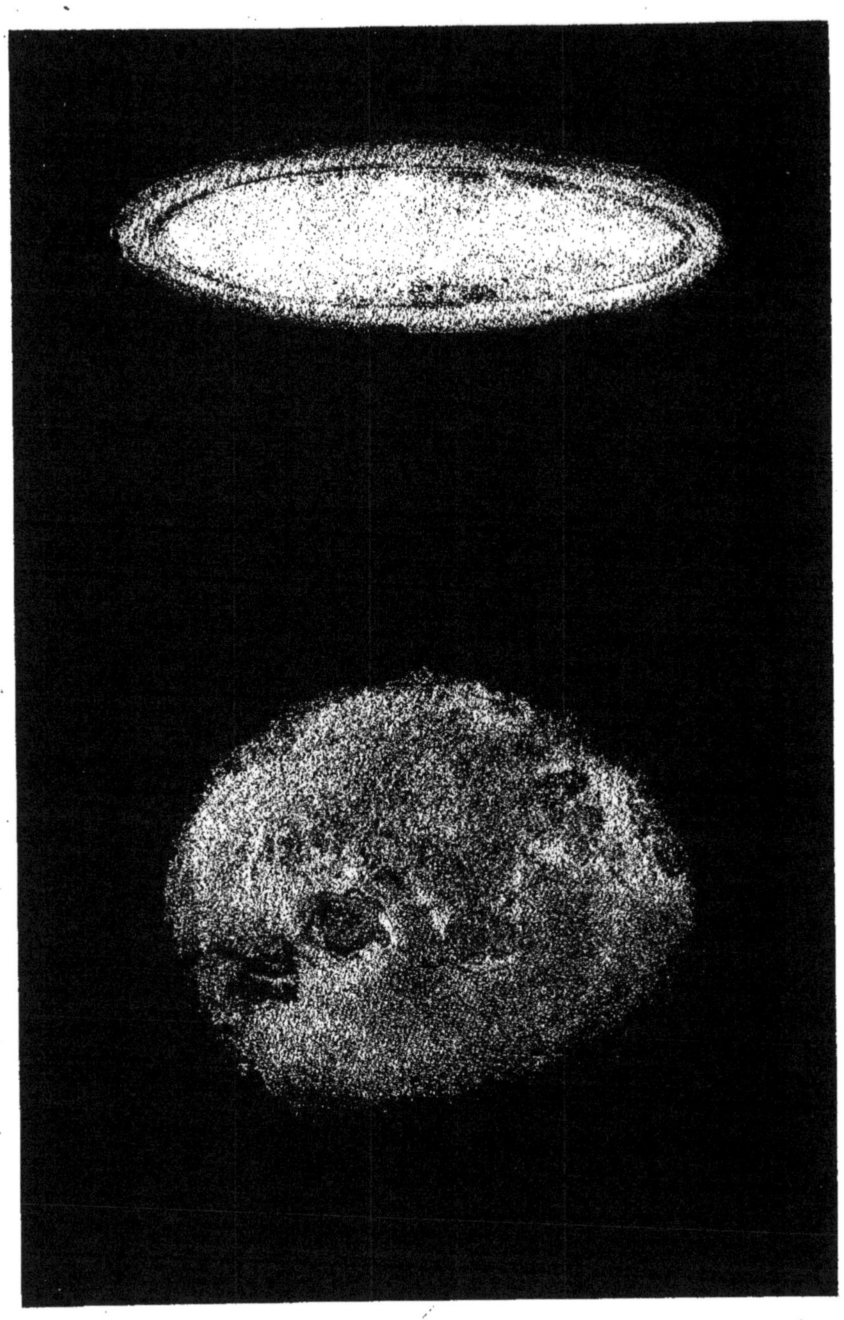

sance de la vérité, et du changement fondamental produit dans l'état d'âme d'un homme par une claire compréhension des grandes lois de la nature auxquelles il doit obéir.

Ces formes-pensées ne se ressemblent ni comme couleur ni comme dessin, et représentent des sentiments bien différents aussi. Elles furent étudiées au même moment, et indiquent deux manières de considérer le même événement. C'est à un enterrement qu'elles furent observées et elles nous montrent les sentiments évoqués chez deux des assistants par la contemplation de la mort.

Les deux créateurs de ces pensées avaient les mêmes sentiments d'affection pour le défunt, mais tandis que l'un d'eux est encore plongé dans la profonde ignorance de la vie de l'au-delà, — ce qui est malheureusement si fréquent actuellement, — l'autre possédait l'avantage inestimable des lumières que donne la Théosophie. Dans la pensée du premier nous ne distinguons rien autre chose qu'une dépression profonde, que la crainte et l'égoïsme. Voir la mort frapper tout près de lui, a certainement évoqué dans son esprit le fait qu'il lui faudrait aussi mourir un jour, et cette menace lui semble terrible bien qu'il ne sache pas au juste ce que c'est que la mort ! Les nuages au milieu desquels se manifestent ses sentiments sont assez vagues pour nous montrer son ignorance. Ses seules sensations bien définies sont le désespoir et le sentiment de tout ce qu'il a perdu personnellement, — ceci nous est indiqué par les bandes

régulières de brun gris et de gris de plomb ; — le curieux crochet du bas qui, à ce moment, descend dans la
tombe et s'accroche au cercueil est l'expression du sentiment plein d'égoïsme qui voudrait rappeler le défunt
à la vie physique.

Il est réconfortant, en quittant cette morne image, de
se tourner vers la représentation des effets splendides
produits dans la même circonstance par l'esprit de
l'homme qui comprend les événements auxquels il as-
siste.

Il faut remarquer qu'entre les deux penseurs il n'y
a pas une seule émotion en commun ; dans le premier
cas tout était abattement et horreur ; dans le second
nous ne trouvons que l'expression des sentiments les
plus beaux et les plus élevés.

A la base de cette forme-pensée nous reconnaissons
l'expression d'une profonde sympathie pour ceux qui
pleurent ; cette sympathie, qui partage leur chagrin,
s'indique dans le vert lumineux, tandis que la bande
d'un vert plus sombre indique l'attitude du penseur vis-
à-vis du défunt lui-même ; le rose profond est le signe
de l'affection pour le mort comme pour les vivants ;
la partie supérieure du cône et les étoiles qui s'en
élèvent témoignent des sentiments éveillés dans l'esprit
du créateur de cette pensée par ses réflexions sur la
mort ; le bleu indique le sentiment religieux qui l'anime,
le violet la possibilité de s'élever vers un idéal sublime
et d'y répondre, et les étoiles d'or, enfin, les étoiles
sont le témoignage des aspirations spirituelles que la

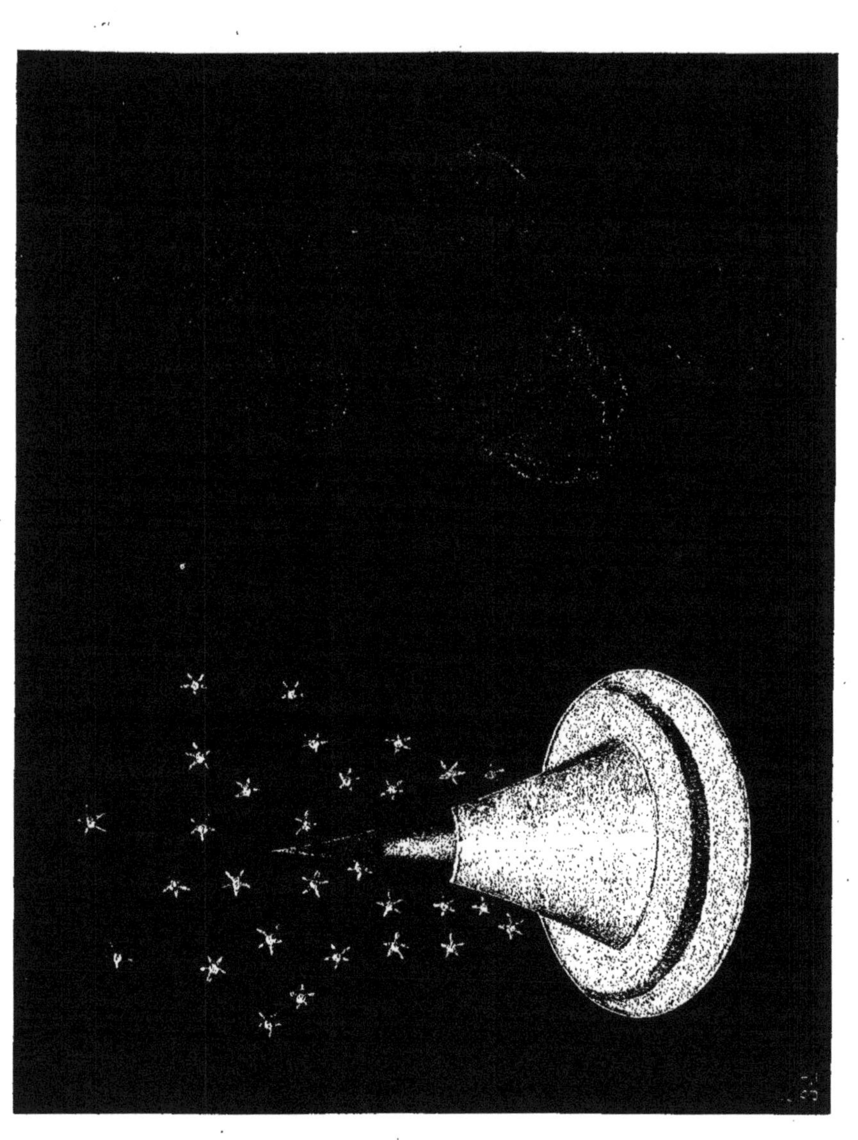

contemplation de la mort a amenées. La bande jaune claire qu'on remarque au centre de la forme-pensée est très significative, car elle indique que toute l'attitude intérieure de cet homme a pour base une vraie compréhension intellectuelle de la situation, et cela nous est aussi indiqué par l'arrangement régulier des couleurs et la netteté des lignes de démarcation entre elles.

En comparant ces deux gravures figurées sur la planche 34 on se rend très nettement compte de l'importance des enseignements théosophiques. La connaissance qu'ils apportent fait disparaître sans retour toute crainte de la mort; elle rend la vie plus facile à vivre, puisque nous comprenons son objet et sa fin, et elle nous fait réaliser que la mort est un incident parfaitement naturel qui fait partie de notre évolution. Toutes les nations chrétiennes devraient être au courant de ce fait, mais malheureusement il n'en est pas ainsi, et sur ce point comme sur beaucoup d'autres la théosophie a un message à apporter à l'Occident. Elle dira qu'au-delà de la tombe il n'y a pas d'abîmes impénétrables et sombres, mais qu'au contraire c'est tout un monde de lumière et de vie que nous connaîtrons un jour tout aussi clairement, tout aussi complètement que le monde physique où nous vivons aujourd'hui. C'est à notre usage que nous avons créé cette terreur et ces abîmes comme des enfants qui prennent plaisir à s'effrayer eux-mêmes par le récit d'histoires terrifiantes. Allons au fond de la question et tous ces nuages imaginaires se dissiperont.

Sur ce point nous portons le poids d'une fâcheuse hérédité; nous avons hérité de nos pères la crainte et l'horreur de tout ce qui touche à la mort, nous y sommes habitués et nous ne voyons pas l'absurdité, la monstruosité de ce cortège. Les anciens étaient à ce sujet plus sages que nous; ils n'associaient pas à la mort du corps toute cette fantasmagorie de l'horrible; en partie parce qu'ils faisaient disparaître les corps d'une façon beaucoup plus rationnelle que nous ne le faisons, — méthode dont bénéficiaient à la fois les morts et les vivants, — et aussi parce qu'ils supprimaient de la sorte les pénibles imaginations concernant la décomposition du corps.

On connaissait beaucoup mieux la mort dans le passé, et pour cette raison on s'attristait moins de la disparition de ceux que l'on aimait.

LA RENCONTRE D'UN AMI

La figure 35 nous fournit un exemple d'une excellente forme-pensée, nettement définie, d'une expression parfaite, dont les couleurs se distinguent bien les unes des autres. Elle représente les sentiments d'un homme qui revoit un ami après une longue séparation. La partie convexe du croissant est la plus rapprochée du penseur, et les deux pointes se dirigent comme deux bras vers l'ami qui s'avance. La couleur rose exprime naturellement l'affection; le vert clair, une profonde sym-

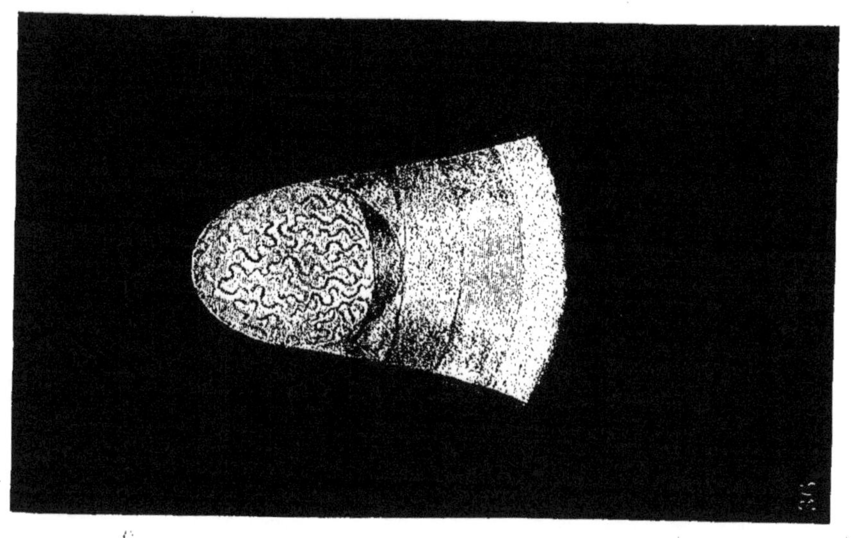

pathie, et le jaune, le plaisir intellectuel avec lequel l'auteur de la forme-pensée se prépare à rappeler avec son ami les souvenirs d'autrefois.

DEVANT UN TABLEAU

Nous avons dans la figure 36 une forme-pensée assez complexe due aux sentiments éveillés par l'étude d'un tableau représentant un sujet religieux. Le jaune est le signe de l'admiration pour l'habileté professionnelle de l'artiste, tandis que les autres couleurs expriment les émotions d'ordres divers qui saisissent le spectateur au moment où il contemple une remarquable œuvre d'art. Le vert signifie la sympathie pour la figure principale du tableau; le sentiment religieux n'apparaît pas seulement dans la large bande de bleu, mais aussi dans le tracé même du dessin, tandis que le violet est l'indice de l'éveil — dans l'âme de celui qui admire cette peinture — d'un noble idéal auquel il répond instantanément. Nous avons ici le premier spécimen d'une classe très intéressante de formes-pensées dont nous trouverons de nombreux exemples par la suite; ce sont celles dans lesquelles la couleur principale vient briller à travers un réseau d'une tonalité différente. On remarquera que dans cette figure une quantité de petits courants s'échappent du violet central et se répandent sur le fond d'or; cela signifie bien clairement que les aspirations les plus nobles ne sont pas vagues le moins du monde, mais qu'elles sont toujours dues à une connaissance bien nette du but et des méthodes qui permettent de l'atteindre.

Formes-Pensées créées dans la méditation

Nous nous sommes occupés, jusqu'à présent, des formes-pensées qui sont dues à diverses émotions ou à des influences extérieures. Nous devons maintenant étudier quelques formes créées par des pensées subjectives : créations de la méditation dues à un effort conscient du penseur qui s'efforce de réaliser un concept voulu, ou qui cherche à atteindre un certain état d'âme.

Les pensées de cet ordre sont toujours bien définies, car l'homme qui suit cette méthode apprend à penser avec clarté et précision. La beauté et la régularité des formes produites dépendent du développement de la puissance mentale. Dans le cas qui nous occupe, nous constatons chez le penseur la résolution d'aimer tous ceux qui l'entourent, et nous avons devant les yeux toute une série de lignes harmonieuses du vert lumineux de la sympathie qui se détachent sur le fond rose brillant de l'affection (fig. 37). Ces lignes sont assez larges et assez nettement séparées pour pouvoir être facilement dessinées. Dans plusieurs des formes-pensées du type le plus élevé de cette série, les lignes sont si fines et si serrées les unes contre les autres qu'il serait totalement impossible de les représenter telles qu'elles sont réellement. Les contours de cette forme sont ceux d'une feuille d'arbre, mais les lignes et les courbes qui composent son aspect la font ressembler plutôt à une sorte de coquillage; là encore nous sommes amenés à faire la même constatation que dans la figure 16, lorsque nous faisions remarquer l'analogie qui existe entre certaines formes-pensées et certains objets que nous rencontrons dans la nature.

Effort pour embrasser toutes choses.

Dans la figure 38 nous avons un exemple encore plus développé du même genre. Cette forme-pensée a été créée, pendant la méditation, par une personne qui, de toutes ses forces, concentrait son esprit vers l'ardent désir de voir tous les hommes embrasser l'idéal qui paraissait si clair à ses yeux. C'est pour cela que la forme produite semblait s'échapper de son créateur pour se recourber au loin et revenir à son point de départ. C'est aussi pour cette raison que le merveilleux tracé que nous reproduisons est coloré du violet le plus lumineux et que cette forme splendide resplendit d'un éclat doré qu'il est malheureusement impossible de reproduire. Le fait est que toutes ces lignes qui paraissent extrêmement embrouillées ne sont en réalité qu'une seule ligne entourant la forme-pensée avec une patience inlassable et une merveilleuse exactitude. Une main humaine pourrait à peine reproduire un pareil dessin et il serait impossible, en aucun cas, d'en rendre l'effet par des couleurs; si l'on essaye de tracer sur un fond jaune des lignes violettes très fines, on n'obtiendra qu'un effet de gris, qui ne ressemblera aucunement à l'ori-

ginal. Mais ce qui ne peut être fait à la main peut
l'être quelquefois par une machine plus habile et
plus délicate; c'est de cette manière qu'on a obtenu
le dessin que nous reproduisons et qui vise à réaliser
aussi bien l'effet de couleur que la finesse merveilleuse
des lignes et des courbes.

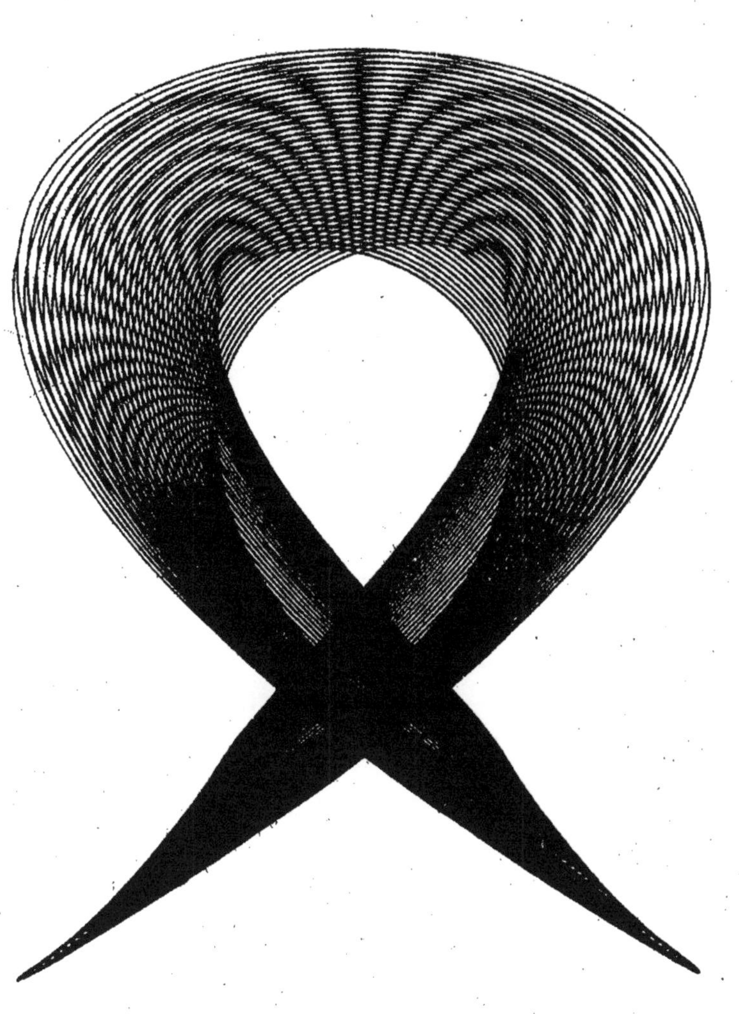

Pensée envoyée dans six directions.

La forme-pensée représentée à la figure 39 est le résultat d'un autre essai pour projeter dans toutes les directions l'amour aussi bien que la sympathie; l'effort est presque semblable à celui qui a donné naissance à la figure 37, bien que l'effet produit soit différent.

Les raisons de cette dissemblance aussi bien que l'aspect curieux de la forme créée dans cette circonstance illustrent d'une manière particulièrement intéressante le développement de la forme-pensée dont il s'agit. On verra, dans le cas qui nous occupe, que le penseur a mis en jeu un sentiment de dévotion exceptionnel, et qu'il a de plus — le jaune et le bleu sont là pour le prouver — fait un effort intellectuel très grand pour obtenir la réalisation de ses vœux. D'abord, cette forme-pensée était de forme circulaire et l'idée dominante était évidemment que le vert de la sympathie fût à l'extérieur, regardant dans toutes les directions, tandis que l'amour restant au centre formait en quelque sorte le cœur de la pensée et était le maître de toutes ses énergies. Mais l'auteur de cette forme a lu des livres hindous et ses méthodes de pensée ont été de ce fait très modifiées.

Les étudiants de la littérature orientale savent bien que l'Hindou parle non de quatre directions — comme nous le faisons nous-mêmes (Nord, Est, Sud et Ouest), mais de six, car il y joint avec beaucoup de raisons le Zénith et le Nadir. Notre ami croyait, d'après ses lectures, qu'il devait projeter « dans les six directions » son amour et sa sympathie ; ne comprenant pas exactement ce qu'étaient les six directions, il dirigea les flots de son affection vers six points équidistants de son cercle. La violence de ses pensées modifia les tracés qu'il avait déjà construits, et de la sorte, au lieu d'avoir un cercle, comme secteur de sa forme-pensée, nous avons le curieux hexagone, aux côtés courbés en dedans que nous reproduisons ici. Nous voyons ainsi avec quelle fidélité chaque forme pensée rappelle, dans sa forme , le procédé qui lui a donné naissance, en reproduisant d'une manière ineffaçable les erreurs mêmes de sa construction.

CONCEPTION INTELLECTUELLE D'ORDRE COSMIQUE

Dans la figure 4o nous constatons le résultat d'une tentative pour la réalisation d'une conception intellectuelle d'ordre cosmique. Le penseur était évidemment un théosophe et on verra qu'en essayant de penser à l'action de l'esprit sur la matière, il suit de lui-même la ligne symbolique qui exprime l'emblème de la société. En effet, ce triangle à la pointe tournée vers le ciel, c'est le triple aspect de l'esprit, tandis que cette autre figure triangulaire dont la pointe est dirigée vers le bas représente la matière avec ses trois qualités principales. D'ordinaire le triangle supérieur est blanc ou or et l'inférieur d'une teinte plus sombre, bleue ou noire, mais il faut remarquer que dans ce cas le penseur est si préoccupé de sa tentative intellectuelle que le jaune, seul, en dehors de toute autre couleur, pourrait se rencontrer là. Il n'y a place, ni pour les émotions qui naissent de la dévotion, ni pour celles qui proviennent de l'étonnement ou de l'admiration ; l'idée dont on souhaite la réalisation remplit entièrement l'esprit, à l'exclusion de toute autre. Pourtant la netteté des contours de cette forme se détachant sur un fond tout entier composé de rayons brillants est la preuve du haut degré d'avancement atteint par son auteur.

LE LOGOS MANIFESTÉ DANS L'HOMME

Nous voici arrivés à une série de pensées telles, que l'âme humaine peut difficilement en former de plus élevées quand elle médite sur l'origine divine qui est la sienne. Quand l'homme, dans l'état de contemplation, essaie d'élever sa pensée jusqu'au Logos de notre système solaire, il ne fait naturellement aucun effort pour se représenter le Logos et il ne peut s'en former une idée, basée sur une forme à lui connue. Malgré cela, cet ordre de pensées se traduit par des formes spéciales empruntant la matière du plan mental et il peut être intéressant pour nous de les examiner. La figure 41 représente précisément la forme-pensée s'appliquant au Logos manifesté dans l'homme, le penseur souhaitant ardemment servir de canal à cette manifestation. C'est ce sentiment de dévotion qui donne à l'étoile à cinq branches cette teinte bleu pâle et la forme même de cette étoile est très significative, car depuis de longues années elle a été le symbole de Dieu manifesté dans l'homme. L'auteur de la forme-pensée était peut-être un franc-maçon, au fait du symbolisme de cette Compagnie ; et la forme de l'étoile semble bien le prouver. On remarquera que les rayons qui l'entourent sortent d'un nuage resplendissant, ce qui ne dénote pas seulement une compréhension pleine de respect de la gloire infinie de Dieu, mais aussi un effort intellectuel intense qui est joint ou va se joindre à la dévotion.

LE LOGOS PÉNÉTRANT TOUT

Les trois figures suivantes essaient de représenter une forme-pensée d'un type très élevé : la tentative de se représenter le Logos pénétrant la nature tout entière. Ici encore, comme dans la figure 38, il est impossible d'arriver à une reproduction parfaite et nous faisons appel à l'imagination de nos lecteurs qui voudront bien suppléer de leur mieux à tout ce qui manque, autant dans notre dessin que dans la manière dont il a été reproduit. Il faut nous représenter la sphère dorée de la figure 42 à l'intérieur de l'autre sphère formée de lignes bleu pâle qui est figurée au numéro 44. En juxtaposant, sur le plan physique, les deux couleurs en question, on n'arrive qu'à produire un mélange informe de vert, qui ne répond plus au caractère de la forme-pensée à reproduire. Seule la machine dont nous avons parlé plus haut arrive à reproduire la grâce et la délicatesse des lignes du dessin. Comme dans le cas envisagé précédemment, une seule ligne reproduit le tracé merveilleux de la figure 44, et la croix de lumière dessinée par le quadruple rayonnement des lignes du dessin est due au fait que les courbes ne sont pas réellement concentriques, bien qu'elles le paraissent.

AUTRE CONCEPTION DE LA MÊME IDÉE

La figure 45 représente la forme-pensée d'une autre personne cherchant également à s'imaginer le Logos pénétrant toute chose. Nous retrouvons la même extraordinaire complexité de lignes bleues d'une finesse remarquable, et il nous faut encore faire appel à notre imagination pour mettre à l'arrière-plan la sphère dorée du numéro 42, de manière à faire briller ses rayons à travers tous les points du dessin. Comme dans la figure 44, nous admirons dans cette reproduction une teinte comparable, soit à celle des vieilles armes damasquinées, soit encore à la soie dénommée « moire antique ». — Quand cette forme est dessinée par le pendule, il n'y a pas reproduction du dessin, mais bien déduction logique du croisement de ces lignes microscopiques. Il est évident que le penseur qui a créé la figure 44 avait une idée nette de l'Unité du Logos, tandis que celui qui a été l'auteur du numéro 45 avait surtout l'idée des centres successifs à travers lesquels la vie divine se manifeste, centres dont plusieurs sont représentés par la forme-pensée en question.

LE LOGOS SOUS SA TRIPLE MANIFESTATION

Au moment où la forme-pensée représentée à la figure 46 fut créée, son auteur essayait de se représenter le Logos sous sa triple manifestation. L'espace vide au milieu du dessin était un jet aveuglant de lumière jaune, — image claire du premier aspect ; — le second était symbolisé par le large anneau de lignes enchevêtrées qui entoure ce centre ; le troisième par la bande plus étroite, à l'extérieur de la figure, et qui paraît d'une contexture moins serrée. Tout l'ensemble devrait avoir comme fond la lumière dorée dont nous avons déjà parlé et qui brille à travers les lignes violettes du tracé.

LE LOGOS SOUS SA SEPTUPLE MANIFESTATION

Dans le passé traditionnel de chaque religion, il
nous est dit que le Logos se manifeste à travers sept
canaux, considérés souvent comme des Logoi infé-
rieurs ou de grands Esprits planétaires. La religion
chrétienne les appelle les sept Archanges ou les sept
Esprits devant le trône de Dieu. La figure 47 reproduit
la forme-pensée d'une méditation sur cette forme de
manifestation. Nous avons au centre la lumière brillante dont nous avons déjà parlé, éclairant, avec moins
de splendeur que plus haut, tout ce qui l'entoure. La
ligne du dessin est bleue et forme une série de sept
ailes gracieuses qui se groupent autour du centre ; à
mesure que la pensée se raffermit, ces ailes deviennent
de plus en plus violettes, se rapprochent de l'aspect
de la fleur et finissent par former un ensemble un peu
confus, mais du plus charmant effet. Ce dessin nous
montre, d'une manière particulièrement intéressante,
la formation et le développement de ces formes lorsque la matière en est très subtile.

ASPIRATION INTELLECTUELLE

La forme-pensée représentée à la figure 43 ressemble un peu à celle de la figure 15 ; cette dernière était déjà très belle, mais celle qui nous occupe maintenant est due à une pensée plus haute et plus forte, impliquant chez son auteur un développement beaucoup plus considérable. Cette forme très nette, d'un violet pâle, est le signe d'une tendance constante vers le plus haut idéal ; elle est renforcée par un développement remarquable de la plus noble intelligence. L'être qui peut penser de la sorte est déjà entré sur le sentier de la sainteté, et il sait déjà se servir du pouvoir de la pensée avec une rare puissance. On remarquera que dans les deux cas (fig. 43 et 15) il y a un fort afflux de la lumière blanche, ce qui est le signe d'un grand pouvoir spirituel.

Il est certain que l'étude de ces formes-pensées serait la plus impressionnante des leçons de choses, puisque par ce moyen nous pourrions voir à la fois ce qu'il convient d'éviter et ce qu'il faut cultiver en nous ; par ce moyen nous apprendrions à reconnaître combien la possession de ce puissant pouvoir de la pensée nous crée de sérieuses responsabilités. Nul doute, comme nous le disions au début, qu'il ne soit foncièrement vrai que les pensées soient des entités, de puissantes entités ; et il convient de nous souvenir que chacun de nous leur donne naissance, sans cesse, la nuit comme

le jour. Quel bonheur immense nous apporte cette certitude, et quelle force pour nous de pouvoir employer
ce pouvoir quand nous savons que quelqu'un souffre
ou pleure! Bien souvent, les circonstances extérieures
ne nous permettent pas de donner aux autres le secours
que nous voudrions leur apporter, mais il n'existe pas
de cas dans lesquels la pensée ne puisse faire son
œuvre, et dans lesquels elle ne puisse arriver à produire un effet bien déterminé. Il peut souvent arriver
qu'au moment même, notre ami soit trop profondément
plongé dans sa douleur ou peut-être trop excité pour
pouvoir recevoir et accepter les consolations extérieures, mais bientôt un moment arrive où notre forme-
pensée peut pénétrer jusqu'à lui et faire son œuvre;
alors, assurément, notre sympathie produira les résultats voulus.

Certes, la responsabilité de faire usage d'une puissance aussi considérable que celle de la pensée est
immense, mais nous ne devons pas pour cela reculer
devant notre devoir. Il est malheureusement vrai que
beaucoup d'hommes usent inconsciemment du pouvoir
de la pensée et trop souvent pour le mal; c'est une
raison de plus, pour ceux d'entre nous qui commencent
à comprendre ce que c'est que la vie, d'en user consciem-
ment et pour le bien. Nous avons à nos ordres un cri-
térium infaillible : jamais nous n'abuserons de cette
puissance qu'est la pensée si nous l'employons toujours
à l'unisson du grand mouvement évolutif et pour
secourir nos frères.

Pensées de secours

Les figures 48 à 54 représentent les résultats obtenus
par une tentative systématique qu'a faite l'ami qui nous
a procuré les dessins, pour envoyer des pensées d'aide
à autrui chaque jour à heure fixe : un certain temps
était consacré à cette expérience. Quelques-unes des
formes en question ont été vues par celui qui les avait
créées, mais elles furent sans exception perçues par
celui qui les recevait. Au moment même une rapide
esquisse en était prise et était envoyée par le courrier
suivant au créateur de ces formes. Celui-ci nous a
transmis les notes qui suivent :

Dans ces dessins, les traits bleus représentent l'élément le plus spirituel de la pensée.

Les formes jaunes accompagnent la tentative de
communiquer des vérités intellectuelles, ou de relever
le courage et la force mentale. Le rose apparaît quand
la pensée se mélange de sympathie affectueuse. Si
celui qui les envoyait (A) pouvait donner une forme,
délibérément, à l'heure convenue, à ses pensées, celui
qui les recevait (B) devait apercevoir une forme claire
et nette, comme dans les figures 48, 49 et 54. Cette dernière persista quelques minutes, déversant sans arrêt

son lumineux message doré sur B. Si cependant A
était obligé de faire cette expérience dans de mauvaises
conditions (dehors, par exemple, en marchant), il pouvait voir ses formes-pensées se diviser en globes plus
petits ou en ombres comme dans les figures 5o, 51 et
52, et B dans son rapport racontait les avoir reçues
ainsi toutes brisées. Des exemples nombreux de telles
concordances pourraient être cités. Par exemple, un
jour A fut distrait dans sa tentative d'envoyer une pensée
bleu rose, par la crainte que le rose ne fût pas abso-
ment exact comme ton ; B constata tout d'abord l'apparition d'un globe parfaitement net tel que la figure 54,
remplacé ensuite par toute une projection de petites
formes triangulaires vert lumineux comme dans la
figure 53.

Ces quelques dessins ne peuvent donner une idée
complète de la variété des formes qui ont été vues,
formes semblables à des fleurs et des formes géomé-
triques ; aucun pinceau, aucun crayon, ne peuvent reproduire la beauté rayonnante de leurs vivantes couleurs.

Les Formes construites par la musique

Avant de terminer ce petit traité nous pensons qu'il pourrait être intéressant pour nos lecteurs d'avoir quelques exemples d'un autre type de formes, inconnues à ceux qui ne possèdent que les sens physiques comme moyens d'observation.

Beaucoup de personnes ont remarqué que le son est toujours associé à la couleur, qu'aux notes musicales correspondent des lueurs colorées qui peuvent être aperçues par ceux dont les sens plus raffinés ont déjà atteint un haut degré de développement. Il n'est pas généralement reconnu que le son produit des formes aussi bien que des couleurs; bien plus, chaque morceau de musique exécuté laisse derrière lui une impression de cette nature qui persiste pendant un certain temps et qui peut être vue de ceux qui en ont le pouvoir. Une forme de ce genre n'est peut-être pas à proprement parler une forme-pensée, à moins qu'on ne la prenne, ainsi que nous pourrions le faire, comme le résultat de la pensée du compositeur, pensée exprimée par l'intermédiaire de l'exécuteur et par l'organe de son instrument.

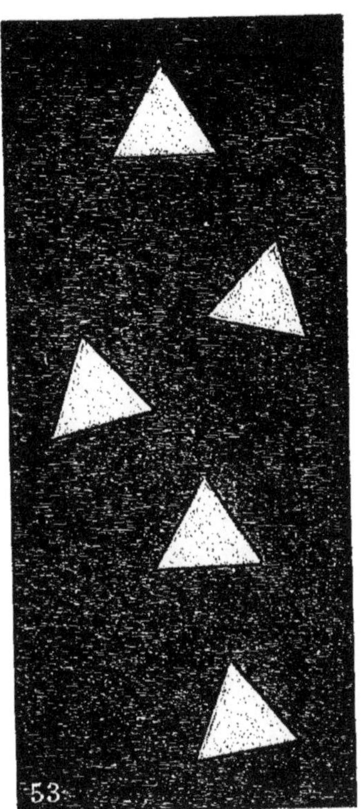

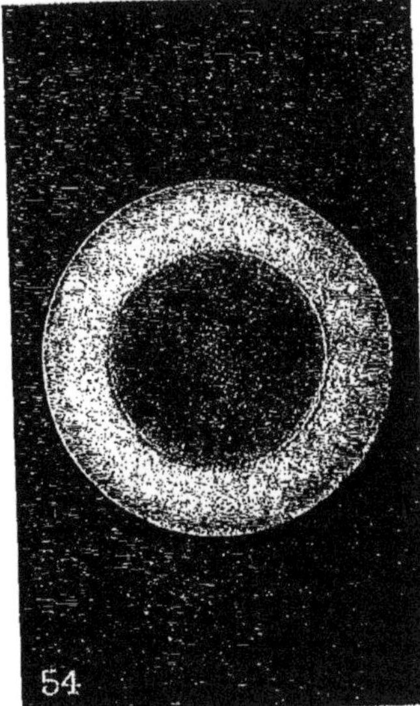

Ces formes sont très saisissantes et leur variété est
naturellement infinie.

Chaque catégorie de musique a son type spécial de
formes et le style de l'auteur se dévoile aussi clairement dans les édifices que construit sa musique, que
le caractère d'un homme se montre dans son écriture.
Un autre facteur de variation est introduit par l'instrument sur lequel on joue, et par le talent de celui qui
en joue. Le même fragment musical, s'il est exactement exécuté, construira toujours la même forme, mais
cette forme sera bien plus grande quand le morceau
sera exécuté par l'orgue d'une église, ou par une
musique militaire, qu'il ne le serait, exécuté sur un
piano. Ce ne serait pas seulement la dimension, mais
encore la contexture de cette forme qui se trouverait modifiée; le cas se présenterait, par exemple, pour un
morceau joué d'abord sur le violon, puis sur la flûte.
La perfection de l'exécution est également une cause
de différence, et la différence est énorme entre la
beauté rayonnante de la forme, construite par le travail
d'un véritable artiste (parfaite comme expression et
comme exécution) et la forme comparativement triste
et confuse produite par l'effort gauche et tout mécanique
d'un exécutant maladroit. Tout ce qui manque d'exactitude dans l'exécution se reproduit dans la forme,
avec un caractère assez net pour donner au clairvoyant
la mesure exacte du talent déployé, comme l'audition
la donnerait à un auditeur attentif.

Il est évident que des centaines de volumes pour-

raient être remplis, si le temps et les moyens le per-
mettaient, par les esquisses des formes construites par
différents morceaux de musique exécutés dans des
conditions données. Nous ne pouvons ici que donner
quelques exemples des types principaux. Nous avons
donc décidé de nous borner à trois types musicaux,
présentant des contrastes faciles à saisir et, pour sim-
plifier encore, de les représenter tels qu'ils apparaissent exécutés sur le même instrument, dans l'espèce
un très bel orgue d'église. Dans chacune de nos planches nous représenterons l'église et la forme sonore
qui monte comme une tour vers le ciel, mais il faudra
se souvenir que, malgré les dimensions différentes
données au paysage, l'église, dans les trois cas, possède
exactement la même grandeur, ce qui modifie nécessairement l'espace occupé par la forme sonore ; cette différence peut être facilement rétablie. La hauteur réelle
de la tour de l'église est d'environ trente mètres ; on
remarquera à quelle ampleur peut atteindre la forme
sonore produite par un orgue puissant.

Ces formes restent dans la même situation pendant
un temps parfois considérable, — une ou deux heures
au moins ; et pendant tout ce temps elles rayonnent
autour d'elles leurs vibrations caractéristiques dans
toutes les directions, exactement comme le font les
formes-pensées. Si la musique est belle, les effets de
ces vibrations seront un bienfait pour tout homme qui
les recevra à travers ses véhicules. Il n'est personne
qui ne contracte une dette de gratitude envers le musi-

cien qui a donné naissance à des forces aussi secourables ; le compositeur de génie peut influencer des centaines de personnes qu'il n'a jamais vues, qu'il ne connaîtra jamais sur le plan physique.

La première des formes représentée sur la planche
M est relativement petite et simple. Nous avons là
une esquisse représentant une sorte de ballon, dentelé d'une double ligne violette. En dedans se trouve
une sorte de dessin produit par des lignes de couleurs
variées qui se meuvent dans une direction parallèle à la
ligne violette ; et de nouveau un dessin composé de traits
multicolores suit et interpénètre ces lignes colorées.

Ces deux combinaisons de lignes sortent de l'orgue
de l'église et par conséquent traversent le toit dans
leur course, car la matière physique n'est pas un
obstacle à leur formation. Dans la cavité centrale de
cette forme, flotte un certain nombre de petits croissants disposés en apparence sur quatre lignes verti-
cales.

Essayons maintenant de donner un fil conducteur
pour nous diriger dans la signification de cet ensemble,
qui pourrait sembler si troublant à un étudiant novice.
et tentons d'expliquer comment cette forme vient à
l'existence. Rappelons-nous qu'il s'agit d'une mélodie
d'un caractère simple, jouée d'un bout à l'autre, et qu'en

conséquence nous pouvons en analyser la forme d'une manière qui serait inapplicable à un morceau plus important et plus compliqué. Pourtant, même dans le cas présent, il ne nous sera pas possible de donner tous les détails, comme on le verra bientôt.

Sans nous arrêter, pour le moment, au dentelé de la bordure, nous rencontrons tout près d'elle un dispositif comprenant 4 lignes de couleurs différentes, bleue, rouge, jaune et verte, dirigées dans la même direction. L'ensemble de ces lignes présente un aspect irrégulier et tortueux ; en fait chaque ligne est composée d'éléments situés à des hauteurs différentes et joints l'un à l'autre par des droites perpendiculaires. Il semble que chacune de ces courtes lignes représente une note de musique et que l'irrégularité de leurs situations respectives indique la succession des notes elles-mêmes. Ainsi chacune des 4 grandes lignes représente le développement d'une des parties de la mélodie : alto, ténor et basse, dans un mouvement presque simultané, et qui pourtant n'est pas de règle quand il s'agit de la représentation astrale des notes. Ici, il est encore nécessaire d'intercaler une nouvelle explication. Même dans le cas d'une mélodie aussi simple que celle qui nous occupe, il y a des nuances trop délicates pour être reproduites d'une manière même approximative ; chacune des petites lignes, représentant une note, a donc sa couleur propre, et bien que, dans l'ensemble, les quatre lignes soient bleue, rouge, verte et jaune, chacune d'elles varie de couleur dans tous ses points.

Notre dessin n'est donc pas une reproduction exacte
et ne peut donner que l'impression générale.

Les deux groupements de quatre lignes qui paraissent
se couper expriment deux parties de la mélodie ; la
bordure dentelée qui entoure le tout est le résultat
des fioritures et des arpèges, tandis que les croissants
isolés qui figurent au centre représentent des accords
ou des groupes de notes isolées. Naturellement les
arpèges ne sont pas entièrement violets, car chaque
boucle a une couleur différente, mais dans l'ensemble
ils s'approchent plus près de cette couleur que d'aucune
autre. Le développement de la forme au-dessus de la
tour de l'église est d'environ 3o mètres, mais si l'on
considère qu'elle s'étend vers l'intérieur de l'église
et à travers le toit, il faut plutôt compter sur environ
5o mètres de diamètre. Due à l'interprétation d'une
des « Romances sans paroles » de Mendelssohn, cette
forme est caractérisée par la finesse de ses parties,
véritable filigrane artistique, comparable à la plupart
des compositions de cet auteur.

L'ensemble de la forme se détache sur un fond de
couleurs scintillantes, mais c'est en réalité un nuage qui
l'entoure de tous côtés et qui est dû aux vibrations qui
l'accompagnent dans toutes les directions.

GOUNOD

La planche G représente un chœur de Gounod.
L'église étant de la même grandeur que dans le cas

précédent, il est facile de voir que le plus haut point de la forme s'élève largement à 200 mètres au-dessus de la tour ; le diamètre de cette forme est moindre, car l'organiste a fini de jouer déjà depuis quelques minutes et tout l'ensemble, dans sa perfection, flotte dans les airs, — forme à peu près sphérique, bien qu'aplatie aux deux pôles. Ce sphéroïde est creux, — comme toutes les formes similaires, — et il s'agrandit doucement autour de son centre en devenant en même temps moins brillant et moins éthéré. Il perd peu à peu sa consistance première, et finalement disparaît comme le ferait un nuage de fumée. Le rayonnement doré qui l'entoure et le fait resplendir de toutes parts indique, comme dans le cas précédent, la somme des vibrations qu'il a fait naître; dans l'exemple présent le jaune domine, ce qui n'est pas le cas en général pour la musique douce de Mendelssohn.

Dans le type qui nous occupe maintenant, les colorations sont bien plus brillantes et bien plus compactes que dans la planche M, car cette musique n'est plus seulement un enchaînement de mélodies, mais bien une succession splendide d'harmonies retentissantes, donnant l'effet des accords dans leur ensemble plutôt que celui des notes séparées qui les composent, ce qui est rarement possible sur une aussi petite échelle. Il est, par conséquent, plus difficile de suivre dans notre exemple le développement de la forme sonore, car, dans ce morceau beaucoup plus long, les lignes se croisent et s'interpénètrent tant et si bien que

nous n'avons plus devant les yeux que l'effet général
étincelant, et c'est ce qui devait être l'intention du
compositeur, ce qu'il désirait que nous sentions et que
nous pourrions voir si nous étions tous capables de le
faire. Néanmoins il est possible de discerner quelque
chose de la manière dont cette forme a été construite
et nous le ferons plus facilement si nous commen-
çions à l'examiner par la gauche et dans sa partie inférieure.

La grande masse violette que nous remarquons
tout d'abord représente évidemment l'accord qui
commence la phrase musicale, et si nous suivons la
ligne extérieure de cette circonférence nous pourrons
obtenir une idée du caractère de cette phrase dans son
ensemble. Une étude approfondie nous montrera
l'existence de deux autres lignes qui courent parallè-
lement à cette première ligne extérieure et nous
remarquerons qu'elles présentent la même succession
de couleurs, en plus petit. Cette disposition nous indiquera la répétition de la phrase musicale sur un mode
plus doux.

Une analyse soigneuse de l'ensemble de la forme
nous permettra de reconnaître un ordre réel dans
ce chaos apparent et nous verrons que s'il était
possible de reproduire parfaitement cette image glo-
rieuse et étincelante il faudrait être capable de représenter exactement ses plus petits détails. Alors seulement il serait possible de démêler patiemment cet
ensemble confus, et on arriverait à établir le lien qui

existe entre chacun des tons exquis de couleur scin·
tillante et la note qui lui a donné naissance.

Il ne faut pas oublier qu'on a indiqué beaucoup
moins de détails dans la planche G que dans la
planche M par exemple, chacune des parties isolées
dans la figure qui nous occupe possède des détails
qui lui sont propres, comme les quatre lignes de couleurs variées qui sont représentées séparées les unes
des autres dans la planche M ; dans la planche G
elles sont réunies dans une teinte unique, et seul l'effet
total de l'accord est donné.

En M nous avons placé horizontalement et essayé
de montrer les caractéristiques d'un certain nombre
de sons combinés en une seule note, mais pour indiquer nettement l'effet produit par quatre parties
chantant à la fois nous nous sommes servis d'une
ligne colorée pour chaque partie. En G nous avons
essayé de faire exactement le contraire, car nous
avons combiné les couleurs verticalement et réuni
non pas les notes successives en une seule, mais au
contraire les accords en une seule couleur, chaque
accord contenant six à huit notes. L'apparence
réelle des formes sonores combine ces deux effets
avec une merveilleuse richesse de détails.

WAGNER

Il n'est personne ayant étudié les formes-pensées
musicales qui puisse hésiter à attribuer les merveil-

leuses montagnes représentées dans la planche W au génie de Richard Wagner. Nul compositeur n'a encore créé d'édifice musical aussi puissant et aussi net.

Nous avons, dans le cas que nous étudions, une vaste construction en forme de cloche, d'au moins 3oo mètres de haut, et presque égale comme diamètre à la base ; elle flotte dans les airs au-dessus de l'église d'où elle s'est échappée. Comme dans le cas de Gounod c'est une cavité, mais elle est différente en ce qu'elle est ouverte à sa base. La ressemblance qui existe entre cette forme-pensée et un amoncellement de montagnes est presque parfaite ; elle est encore soulignée par les masses houleuses de nuées qui courent entre les pics et donnent à l'ensemble sa perspective. Nul essai n'a été tenté dans notre dessin pour exprimer l'effet des notes seules ou des chœurs seuls ; chaque rangée de montagnes fantastiques représente en dimension, forme et couleur, l'effet général produit par telle ou telle partie du morceau de musique, vu de loin.

Il faut bien comprendre qu'en réalité dans cette forme, comme dans celle représentée à la planche G, il y a autant de petits détails que ceux qui ont été marqués dans la planche M, et que toutes ces masses colorées magnifiques sont construites de bandes de couleurs relativement étroites qui ne peuvent être visibles séparément dans le ton gris de l'ensemble.

Le résultat bien net est que chaque pic montagneux a sa propre teinte brillante, comme vous pouvez

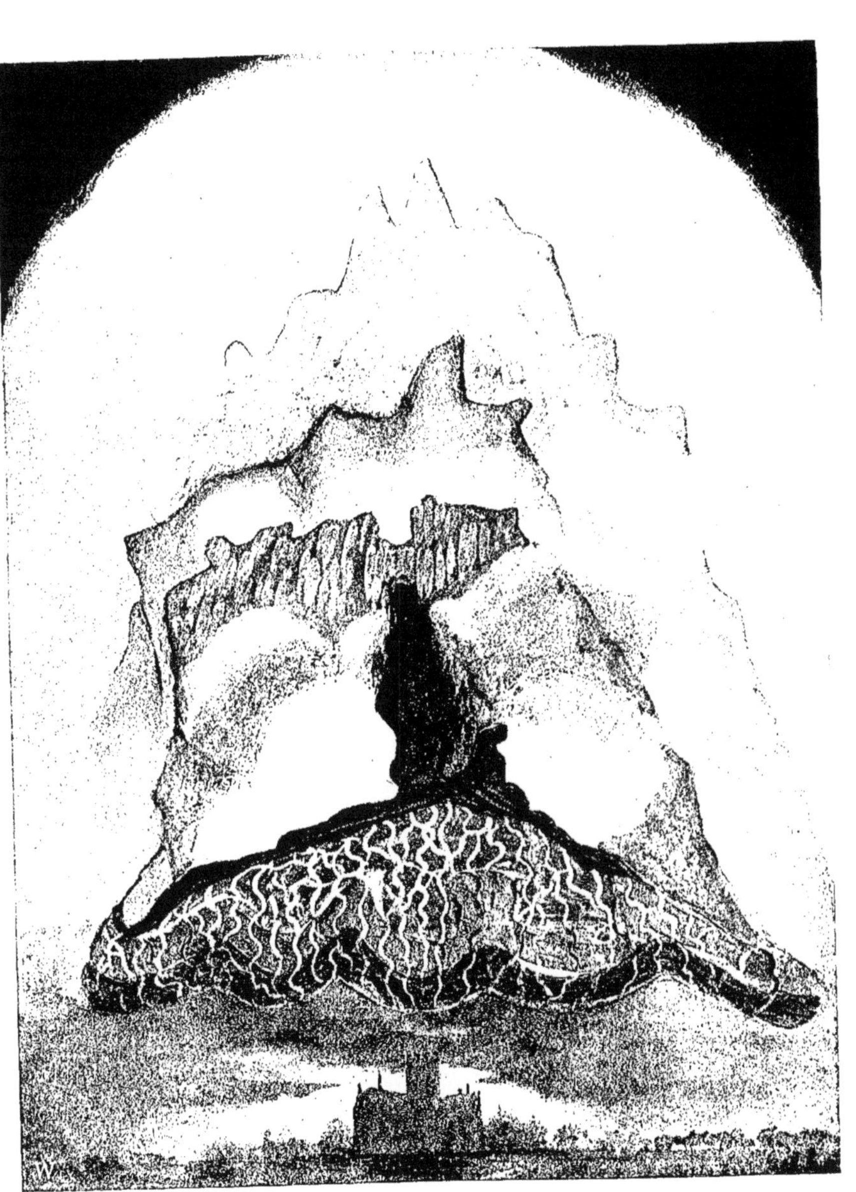

le voir dans l'illustration ; l'éclat splendide de couleur vive, brillant de la gloire de sa propre lumière vivante, étend son rayonnement resplendissant sur toute la contrée environnante. Pourtant dans chacune de ces masses colorées d'autres couleurs passent, rapides, semblables à celles qui se voient sur le métal en fusion. Les scintillements de ces merveilleux édifices de l'astral dépassent toutes les descriptions que les mots physiques pourraient en faire.

Une caractéristique très intéressante de cette forme sonore réside dans la différence extraordinaire des deux types de musique qui la composent. L'un, en effet, produit des masses rocheuses à angles aigus, l'autre crée les nuages aux formes arrondies qui les séparent. D'autres motifs sont fournis par les larges bandes bleues, rouges et vertes qui apparaissent à la base de l'édifice en forme de cloche ; les lignes blanches et jaunes qui serpentent à travers ces trois bandes sont probablement dues à un accompagnement d'accords légèrement arpégés.

Dans ces trois dessins on n'a figuré que la forme créée directement par les vibrations du son, bien que les clairvoyants distinguent en même temps bien d'autres formes plus petites. Ces formes proviennent du sentiment personnel de l'exécutant ou des émotions de natures diverses éprouvées par les auditeurs.

Revenons sommairement sur chacune de ces planches : dans la planche M, nous avons la reproduction d'une forme petite et relativement simple, mais figurée en très

grand détail puisque chaque note y est pour ainsi dire
représentée ; la planche G nous présente une forme plus
compliquée, d'un caractère tout différent, mais moins
détaillée dans son ensemble, puisque, loin de chercher
à reproduire chaque note séparément, on a essayé de
donner l'effet produit en forme et en couleur par les
accords ; la planche W est l'expression d'une forme
plus grande et plus riche, dans laquelle on a évité
à dessein tous détails, de manière à réaliser à peu près
exactement l'impression d'ensemble.

Tous les sons affectent naturellement la matière
astrale et la matière mentale, et non pas seulement la
succession des vibrations harmonieuses que nous
appelons la musique. Peut-être quelque jour les
formes dues aux autres sons seront-elles reproduites à
notre intention bien qu'elles dépassent la portée de ce
petit traité ; néanmoins les personnes qui s'intéressent
à cette question spéciale des sons pourront trouver
des renseignements utiles dans « le côté caché des
choses (1) ».

Il est nécessaire pour nous de nous rappeler toujours que la vie a un côté caché, que chacun de
nos actes, chacune de nos paroles et de nos pensées
a son retentissement dans le monde invisible qui est
toujours si près de nous ; généralement ces résultats
invisibles sont d'une importance infiniment plus grande
que les phénomènes visibles du plan physique.

Le sage qui a connaissance de ces choses organise

(1) Par M. C.-W. Leadbeater.

sa vie en conséquence et se préoccupe de l'ensemble du monde dans lequel il vit, et non pas seulement de son enveloppe extérieure. Il s'évite de la
sorte beaucoup de tourments et rend sa vie, non seulement plus heureuse, mais aussi beaucoup plus utile.
Mais, pour agir de la sorte, il faut posséder la connaissance qui, par elle-même, est un pouvoir. Or dans
notre monde occidental une telle connaissance ne
peut s'obtenir pratiquement que par les enseignements théosophiques.

Vivre n'est pas assez; il faut vivre d'une manière
intelligente. Mais pour vivre nous devons savoir, et
pour savoir il faut étudier. Vaste est le champ qui
s'étend devant nous! Si nous voulons y entrer nous
y récolterons une riche moisson de lumière. Ne gas-
pillons pas davantage notre temps dans les sombres
cachots de l'ignorance, mais élançons-nous vaillam-
ment vers le glorieux soleil de cette divine sagesse que
les hommes de notre temps appellent la Théosophie.

TABLE DES MATIÈRES

Introduction 1

Avant-Propos. 3

De la difficulté de représenter les Formes-Pensées . . . 10

Les deux effets de la Pensée. 16

Manière dont se produit la vibration 18

La Forme-Pensée et ses effets 21

La signification des couleurs 30

Les trois catégories de Formes-Pensées 34

Description de nos illustrations. 41

Affections 41

Le sentiment religieux. 47

L'intelligence. 54

La colère 59

La sympathie 63

La crainte 64

La convoitise 66

Émotions diverses 69

Formes-Pensées créées dans la méditation 81

Effort pour embrasser toutes choses 83

Pensée envoyée dans six directions 85

Les Pensées de secours 94

Les Formes construites par la musique 96

RENSEIGNEMENTS

La Société théosophique est un organisme composé
d'étudiants, appartenant, ou non, à l'une quelconque des
religions ayant cours dans le monde. Tous ses membres
ont approuvé, en y entrant, les trois buts qui font son objet;
tous sont unis par le même désir de supprimer les haines
de religion, de grouper les hommes de bonne volonté,
quelles que soient leurs opinions, d'étudier les vérités
enfouies dans l'obscurité des dogmes, et de faire part du
résultat de leurs recherches à tous ceux que ces questions
peuvent intéresser. Leur solidarité n'est pas le fruit d'une
croyance aveugle, mais d'une commune aspiration vers la
vérité, qu'ils considèrent, non comme un dogme imposé
par l'autorité, mais comme la récompense de l'effort, de la
pureté de la vie et du dévouement à un haut idéal. Ils pen-
sent que la foi doit naître de l'étude ou de l'intuition, qu'elle
doit s'appuyer sur la raison et non sur la parole de qui que
ce soit.

Ils étendent la tolérance à tous, même aux intolérants,
estimant que cette vertu est une chose que l'on doit à
chacun et non un privilège que l'on peut accorder au petit
nombre. Ils ne veulent point punir l'ignorance, mais la

détruire. Ils considèrent les religions diverses comme des expressions incomplètes de la Divine Sagesse, et, au lieu de les condamner, ils les étudient.

Leur devise est Paix ; leur bannière, Vérité.

La Théosophie peut être définie comme l'ensemble des vérités qui forment la base de toutes les religions. Elle prouve que nulle de ces vérités ne peut être revendiquée comme propriété exclusive d'une Église. Elle offre une philosophie qui rend la vie compréhensible et démontre que la justice et l'amour guident l'évolution du monde. Elle envisage la mort à son véritable point de vue, comme un incident périodique dans une existence sans fin, et présente ainsi la vie sous un aspect éminemment grandiose. Elle vient, en réalité, rendre au monde l'antique science perdue, la *Science de l'âme*, et apprend à l'homme que l'âme c'est lui-même, tandis que le mental et le corps physique ne sont que ses instruments et ses serviteurs. Elle éclaire les Écritures sacrées de toutes les religions, en révèle le sens caché et les justifie aux yeux de la raison comme à ceux de l'intuition.

Les membres de la Société théosophique étudient ces vérités, et ceux d'entre eux qui veulent devenir Théosophes, au sens véritable du mot, s'efforcent de les vivre.

Toute personne désireuse d'acquérir le savoir, de pratiquer la tolérance et d'atteindre à un haut idéal, est accueillie avec joie comme membre de la Société théosophique.

SIÈGE DE LA SOCIÉTÉ FRANÇAISE

DE LA

SOCIÉTÉ THÉOSOPHIQUE

59, avenue de La Bourdonnais, Paris.

Buts de la Société.

1° Former un noyau de fraternité dans l'humanité, sans distinction de sexe, de race, de rang ou de croyance.

2° Encourager l'étude des religions comparées, de la philosophie et de la science.

3° Étudier les lois inexpliquées de la nature et les pouvoirs latents dans l'homme.

L'adhésion au premier de ces buts est seule exigée de ceux qui veulent faire partie de la Société.

Pour tous renseignements s'adresser, selon le pays où l'on réside, à l'un ou l'autre des secrétaires généraux des Sections diverses de la Société dont voici les adresses :

France : 59, avenue de La Bourdonnais, Paris, 7e.

Grande-Bretagne : 28, Albemarle street, Londres, W.

Pays-Bas : 76, Amsteldjik, Amsterdam.

Italie : Via Campo Marzio, a 48-p. 1, Rome.

Scandinavie : 7, Engelbrechtsgatan, Stockolm.

Indes : Theosophical Society, Benarès, N. W. P.

Amérique : 7 W. 8th street, New-York.

Australie : 42, Margaret street, Sydney, N. S. W.

Nouvelle-Zélande : His Majesty's Arcade, Queenstreet, Auckland.

Allemagne : Gartenhaus, 17, Motzstrasse, Berlin.

Cuba : Apartado, 365, La Havane.

ÉTUDE GRADUÉE

de l'Enseignement Théosophique.

Ouvrages élémentaires.

ANNIE BESANT. —La Théosophie est-elle antichrétienne 0 20
—La Nécessité de la Réincarnation 0 20
C.-W. LEADBEATER. —Une Esquisse de la Théosophie. 1 25
D^r TH. PASCAL. — La Théosophie en quelques chapitres . . . 0 50
AIMÉE BLECH. — A ceux qui souffrent . . . . 1 »
J.-C. CHATTERJI. — La Vision des Sages de l'Inde 0 30

Ouvrages d'instruction générale.

J.-C. CHATTERJI. — La Philosophie ésotérique de l'Inde . . . 1 50
ANNIE BESANT. — La Sagesse antique . . . . 5 »
A. P. SINNETT. — Le Bouddhisme ésotérique, ... 3 50
— Le Développement de l'âme . . . . 5 »
R. A. — L'Histoire de l'âme 2 50

Ouvrages d'instruction spéciale.

ANNIE BESANT.— Évolution de la Vie et de la Forme 2 50
— Le Pouvoir de la Pensée. 1 50
— La Réincarnation . . . . 1 »
— Le Christianisme ésotérique . . . . 4 »
C.-W. LEADBEATER.— Le Credo chrétien 1 50
— L'Homme visible et invisible (26 planches coloriées). . . . 7 50
D^r TH. PASCAL. — Essai sur l'Évolution humaine 3 50
— Les Lois de la destinée. 2 50
H. P. BLAVATSKY.—La Doctrine secrète, 3 vol. parus, le vol. de 6 à 8 »

— 3 —

Ouvrages d'ordre éthique.

La Théosophie pratiquée journellement 0 50
Annie Besant. — Le Sentier du Disciple. . . . . 2 »
La Doctrine du Cœur, relié. 1 50
H. P. Blavatsky. — La Voix du Silence . . . . 1 »
Le Bhagavad Gita 2 50
X. — Sur le Seuil, relié 2 50
Molinos. — Guide spirituel, relié. . . . . 3 »
Neuf Upanishads 2 50

—————

Revue Théosophique française : *le Lotus Bleu* publie *la Doctrine Secrète* en fascicules distincts. Le numéro 1 fr. Abonnement : France, 10 fr. Étranger, 12 fr. Années antérieures, 12 fr.

PUBLICATIONS THÉOSOPHIQUES

10, *rue Saint-Lazare, Paris.*

CONFÉRENCES ET COURS

SALLE DE LECTURE — BIBLIOTHÈQUE — RÉUNIONS

Au siège de la Société : 59, avenue de La Bourdonnais.

Le Siège de la Société est ouvert tous les jours de la semaine de 3 à 6 heures, et les 1er et 3e dimanches à 10 heures et demie du matin. Prière de s'y adresser pour tous renseignements.

20-6-05. — Tours, Imp. E. Arrault et Cie.